シリーズ
「改憲」
異論
5

住民自治・地方分権と改憲

地域社会の再編に抗して

ピープルズ・プラン研究所＝編

現代企画室

発行に当たって

ピープルズ・プラン研究所

いま、憲法改悪への動きが急ピッチで進んでいる。改憲はもはや当然のことであり、抗しがたい流れになっているという政治的空気が強力に作りだされている。改憲の最大の狙いは、いうまでもなく第九条の平和主義の原理による制約を取り払って、派兵し戦争する自由を国家に与えることにある。だが、ことはそれだけにとどまらない。自民党の「論点整理」（二〇〇四年六月）や「改憲草案大綱」素案（同年一一月）にあからさまに書かれているように、改憲の内容には、歴史・伝統・文化を踏まえた「国柄」の明示、天皇の祭祀権の復活、「国防の責務」を柱とする「公共的責務（義務）」の強調、家族の価値の重視による男女平等規定の見直し、人権を制限できる「国家緊急事態」の新設などが、提示されている。改憲は、平和主義や人権という現在の憲法の基本原理を大きく変更し、憲法を〝政府の自由を縛る規範〟から〝国家への協力を市民に義務づける〟ものに変えようとしている。憲法の修正＝改正という次元を越えて、権力を握っている人間たちが新しい憲法を制定するクーデタに等しい企みである、と言える。こうした改憲の企みには、日本の国家・社会の全体を、グローバリズム・新自由主義とナショナリズム・国家主義の方向へ向かって全面的に改革する狙いがはっきりと表れている。だが改憲の企ては、すでに韓国や中国をはじめ東アジア諸国の政府と民衆の強い警戒心を呼び起こしている。改憲をめぐる政治攻防は、米国・東アジア・日本の国際関係に規定されて進行するだろう。

このシリーズは、憲法改悪の企てに反対し、改憲の狙いや内容を批判し、改憲反対の大きな民衆運動をつくるための問題提起を行うことをめざして刊行される。しかし、私たちは、改憲に対して、いわゆる護憲ではないスタンスに立って反対する立場をとりたい。護憲は、現在の憲法がいかに素晴らしいものであるかを強調して、改憲に反対する立場である。私たちは、政治や社会の現状を徹底的に批判し、民衆にとって望ましい政治や社会のあり方（オルタナティブ）がどのようなものであるのかを自由に構想し、論じることから出発して、改憲に反対する。

オルタナティブには、たとえば次のようなことが含まれるだろう。日本で暮らす外国人が政治的な決定に参加する権利を行使できる。天皇制をなくして、共和政に移る。日米安保を解消し自衛隊を解体して、国家の非軍事化・非武装化を実現する。国境を越えた市民の連帯と協力を基礎にして交渉によって紛争を解決する。個人あるいは地方自治体が、戦争や戦争準備への協力・動員を拒否できる自由をもつ。個人が、結婚や家族の形成や働き方について各々の価値観に従った多様な生き方を選ぶ自由を保障する。住民投票や国民投票といった直接民主主義的な意思決定の仕組みを導入する。地域や先住民の自己決定権や日本国家からの分離の自由を保障する、などなど。

対米軍事協力と経済「構造改革」が急速に進む現状を批判し、民衆にとって望ましい政治や社会のあり方を積極的に構想し対置する議論を呼び起こそう。私たちは、このことによってこそ、いま企てられている改憲が、民衆にとってどれほど抑圧的で敵対的なものであるかを浮き彫りにすることができる、と考える。そして、現在の憲法の立憲主義、平和主義、人権、主権在民、地方自治などの基本原理や条項のもっている普遍的な価値に光を当てることもできる。いいかえると、護憲ではない立場に立つことによって、改憲と国家・社会の全面的改革の企てに対して最も有効に抵抗し反撃することができるはずである。

今後第一冊の「論点整理」批判に続いて、「憲法」とは何であるのか、国民投票法案、「九条」問題、天皇条項、家族論、運動論など多くのテーマでシリーズを展開していく予定である。

このシリーズが、護憲派はもちろん、改憲に反対する、あるいは改憲に疑問をもつ多くの人びとの間で活発な議論を呼び起こす一助となれば、幸いである。

二〇〇五年四月

「改憲」異論⑤　住民自治・地方分権と改憲　目次

装丁――本永惠子

まえがき

白川真澄

二〇〇七年七月の参院選で自民党が歴史的な惨敗を喫したことは、日本の政治にとってひじょうに重要な転換点となった。小泉政権とそれを継いだ安倍政権による新自由主義的「改革」の路線は格差の急激な拡大と新たな貧困を招いたが、そのことは格差社会に対する人びとの不安や批判を高めて「地方の反乱」を呼び起こし自民党を大敗させた。その結果、新たに登場した福田政権は、もはや新自由主義的「改革」を表立って進めることができず、手直しと軌道修正を図らざるをえなくなった。同時に、安倍政権の瓦解は、村山談話に対する反動として跳梁跋扈し政権の座にまで駆け上った右翼ナショナリズムの潮流を大きく躓かせた。「戦後レジームからの脱却」の戦略は潰え去り、二〇一一年に明文改憲という目論見は表舞台からいったん消えざるをえなくなった。読売新聞が今年三月に行った世論調査では、改憲賛成四二・五％に対して改憲反対四三・一％と、僅かな差ながら十五年ぶりに改憲反対論が上回った。この変化について、読売新聞は、改憲を公約にした安倍の突然の退陣と「ねじれ国会」での政治の停滞へのいらだちをその理由に挙げているが、改憲勢力の挫折感がよく伝わってくる。

明文改憲をめざす勢力は、二〇〇五年十月の自民党「新憲法草案」の公表、二〇〇七年五月の安倍政権の手による「改憲手続き法（国民投票法）」の成立をテコにして勢いをつけ、二〇一〇年に改憲案を国会で発議し、一一年に改憲に持ちこむことを企てていた。自民党「新憲法草案」は改憲の焦点を、九条第二項の改定（戦力保持および交戦権の否認の抹殺、自衛軍の保持と「国際社会の平和と安全を確保するための活動」への参加）と九六条の改定（衆参両院での過半数の賛成による国会での改憲発議）に絞りこんでいた。さらに、現行憲法と比べて多くの変更が加えられたのが「地方自治」の条項であった。そこでは、（1）国と地方自治体の「相互協力」、（2）道州制（「広域地方自治体」）の導入、（3）地方税・地方自主財源と国による財政上の措置の必要性、財政の健全性が新たに書き込まれた。逆に、（4）特定の地方に適用される特別法についての住民投票が必要である、という条項（現行憲法九五条）が全面削除された。

憲法審査会の始動への策動が続いているとはいえ、公然たる明文改憲への動きの頓挫はこの自民党「新憲法草案」を色褪せた感にし、むしろ解釈改憲の流れが再び強まっている。その柱となるのが自衛隊の海外派兵のための恒久法の制定であるが、統治システム＝「国のかたち」の再編という面では道州制の導入が重要なテーマになってくる。そして、海外派兵恒久法の制定であれ道州制の導入であれ、いずれも自民党と民主党が一致している課題であり、「ねじれ国会」のなかでの大連立構想と絡んでくる課題である。

「改憲『異論』」シリーズの第五冊は、「住民自治・地方分権と改憲」をテーマに取り上げた。住民自治・地方分権という視点から憲法問題を扱うときに最も大事なことは、文章化された改憲構想を批判的に読み解くこと以上に、二〇〇〇年代に入ってから地方自治や地域社会にどのような変化が現実に起こってきたのか、今後どのような再編が進められるようとしているのか、ということを具体的に分析することであろう。明文改憲の動きが後景に退いているという事情だけではない。二〇〇〇年の「分権改革」（地方分権一括法の施行）以降、小泉・安倍政権の下で地方自治の分野ではひじょうに大きい変化が急激に進行してきたからである。それは、一方では有事法制、とくに国民保護法制の確立という形で地方自治体を国家の戦争体制に組み込み、また教育基本法の改定によって「愛国心」の培養を強制し学校教育に対する国の介入＝「不当な支配」を正当化する動きとして進行してきた。地域の自治を侵害し、危機管理や教育の分野で地方自治体の自治権を制限する中央集権化の動きである。他方では、市町村大合併、公共サービスの民営化・民間委託、地方交付税をバッサリ削減した「三位一体改革」、地方財政健全化法といった新自由主義的「分権」化の動きが推進されてきた。住民に必要な公共サービスの提供よりも、地方自治体に「経営体」として財政再建＝健全化を最優先することを強いる動きである。

こうして、地方の地域社会は衰退し、小さな地方自治体が姿を消し、「国のかたち」が一変した。その中から浮上してきたのが道州制の構想である。道州制は、公共事業など「内政」の主要な分野に関する国の権限を十程度の道州に移すというプランである。それは、新自由主義の「小さくて強い政府」（国家が社会保障や公共事業などの仕事から手を引き、軍事・外交・危機管理など「本来」の仕事に力を集中する）を実現する仕組みであり、同時に改憲の柱の一つとなるものと位置づけられている。道州制は、中央省庁の権限を地方政府に移すという点では「地方分権化」ではあるが、住民にとっては強大な権力を独占する首長が君臨するミニ国家（平均一千万人という世界に例を見ない巨大な州）の誕生であり、生活に近い場で営まれる住民の自治や自己決定権の行使を抑えこむことに行き着く。住民自治を封じこめる分権になるのは、現在の道州制の構想が市町村大合併の進行による大きな市の出現にともなって都道府県の役割が形骸化してきたことへの対応として出されてきたからである。二〇一八年に道州制移行を提言した「道州制ビジョン懇談会」の中間報告（〇八年三月）でさえ、国の調整機能が失われることによる地域間の格差のいっそうの拡大、道州の規模が巨大になることで住民との距離が開くことを道州制の問題点として挙げている。

地方分権をめぐる論争や争いは、新自由主義的「改革」を進める立場から分権を推進する勢力（経済界、財政再建派の政治家や首長）と国の規制・介入の必要性を名目にして中央省庁の権限を維持しようとする勢力（官僚、日本型ケインズ主義の政治家）との間で展開されている。しかし、その二つの勢力だけではなく、住民の自治と地域の自立を促進するための地方分権をめざす流れが存在している。それはまだ小さな流れであるが、合併を拒否して自立の道を選んだ小さな地方自治体、地域の人的資源や自然環境を生かした地域活性化のためのさまざまな試み、米軍再編への協力を拒否する地域の運動といった姿で登場している。私たちは、こうした活動や運動に注目し、それらが大きな政治的流れに発展することを促したいと考える。そのことが解釈改憲でもある統治システム＝「国のかたち」の再編に対抗し、さらに明文改憲の野望を打ち砕く力となるだろう。

第1章「改憲と道州制」（進藤兵）は、地方自治の分野における改憲の焦点である道州制の導入について、戦後の地方自治と改憲論の歴史的経緯を踏まえて現在の道州制構想の特徴を考察したものである。

第2章「新自由主義的「改革」と地方分権」（白川真澄）は、市町村大合併、公共サービスの民営化、「三位一体改革」、地方財政健全化法の流れを分析し、住民自治を促す分権の視点から新自由主義的「分権」論を批判したものである。

第3章「「有事法制」「国民保護法制」と地方自治・住民の権利」（清水雅彦）は、小泉政権の下で二〇〇三年から〇四年にかけて法制化された有事法制・国民保護法制の内容と問題点を分析し、それが地方自治と住民の権利をどのように侵害するかを明らかにしたものである。

第4章「小・中学校は教育福祉の根幹」（池田祥子）は、小中学校を自治の力を育む「地域・コミュニティ」の学校として位置づけ、その視点から教育基本法の改定が教育の場への官僚支配の強化であることを批判している。

第5章「沖縄の自治と憲法改正」（島袋純）は、沖縄の祖国復帰運動の本質を人権と自治権の確立の運動と捉えかえし、現在の改憲論を立憲主義の否定だと批判する。そして、アジアの多元的な人権保障の仕組みの構築を展望しつつ、道州制の議論を沖縄自治州の構想に読み替えていくことを提起している。

第6章「北海道におけるアイヌ民族との共生のために」（小泉雅弘）は、札幌自由学校「遊」の活動のなかからアイヌ民族との共生に向けた取り組みを紹介している。その上で、先住民族の権利の確立、アイヌ民族との共生という視点から憲法問題がどのように見えてくるかを提起している。

沖縄の自治の実現、アイヌ民族との共生という課題は、住民の自治と地域の自立にとって試金石となる課題であり、現行憲法が依拠する国民国家という枠組み自体を再考する必要性を提示している。この二つのテーマにチャレンジした論稿を納めているのは、本冊子（第五冊）の特徴の一つである。

本冊子を企画して執筆者に依頼したのは、ちょうど一年前のことである。それから一年、政治状況は激変し憲法問題の位相も大きく変わった。住民自治・地方分権という視点から改憲問題を捉えるという作業もこれまでは少なく、編集の構想を練ることに苦労したが、多彩な切り口の論稿を揃えることができたのではないかと思っている。執筆者のみなさんには無理を言って執筆を急いでもらいながら、予定した論稿が全部入るまでに時間がかかってしまい、刊行が遅れたことをお詫びする。

二〇〇八年五月

第 1 章

改憲と道州制

進藤 兵

しんどう ひょう
1964 年東京生まれ。都留文科大学教員。現代社会論・政治学専攻。

はじめに――九条改憲と自衛隊海外派遣恒久法、そして地方自治条項改憲と道州制

憲法九条をめぐっては、二〇〇七年五月に国民投票法（改憲手続き法）が成立し、早ければその三年後の二〇一〇年に具体的な改憲の発議が可能になるという時間尺度の中で、また、ブッシュ・ジュニア政権が終わり、アメリカ合衆国で二〇〇九年一月に新政権が発足し、早ければ同年末に、遅ければ新政権の軍事戦略が固まる二〇一一年ころ（どの政権でもおおよそ二年は要しているため）に、第二次日米安全保障共同宣言が打ち出されるだろう[1]という時間尺度の中で、日本の支配層の内部には、

（1）明文改憲（とくに集団的自衛権＝軍事同盟の合憲化）優先プラス自衛隊海外派遣恒久法（以下、恒久法と呼ぶ）の制定か（安倍政権）、

（2）解釈改憲プラス恒久法制定優先[2]かという分岐がみられ、その（2）にも、

（A）テロ特措法（〇一年）・イラク特措法（〇三年、いずれも小泉政権）の延長線上での、個別的自衛権のさらなる拡大解釈プラス日米同盟中心の恒久法か（福田政権）[2]、

（B）国連中心主義による拡大解釈プラス国連中心の恒久法か（小沢構想）[3]か、という分岐もみられる[4]。

これと平行して、憲法の九二条から九五条までの地方自治に関する条項（以下、地方自治条項と呼ぶ）をめぐって、支配層内部には、

（1）地方自治条項の明文改憲優先プラス「戦後型地方自治」（第一節（1）参照）の「構造改革」（＝

1　伊奈久喜「日米同盟、再・再確認が要る」、『日本経済新聞』〇八年三月一六日。私見では、一九五二年の旧安保条約で第一次の日米安保体制が成立したとすれば、六〇年の新条約で第二次の体制が、九六年の（第一次）日米安保宣言（クリントン・橋本宣言）で第三次の体制が、成立したと考えられる。第二次安保宣言が打ち出されれば、それは第四次日米安保体制の成立といえるかもしれない。

2　新憲法制定議員同盟の新執行部発足にふれた、山本桐栄「与野党改憲派がタッグ」、『朝日新聞』〇八年三月四日夕刊。また、中祖寅一「派兵恒久法〝年内成立を〟首相発言」、『しんぶん赤旗』〇八年三月二七日。

新自由主義プラス新保守主義改革、第二節参照）か、（2）明文改憲は後回しにして、まずは「戦後型地方自治」の「構造改革」を優先するか、という分岐がみられる。小泉政権下の〇五年一〇月の自民党『新憲法草案』と民主党『憲法提言』[5]、そして安倍政権による道州制の本格的検討開始は（1）であり、小泉政権による「三位一体改革」（〇二年に検討開始、〇四年秋に確定、〇五－〇七年度に実施）および安倍・福田政権での（憲法論議をさしあたり脇に置いた）「地方分権改革」論議、そして道州制諸構想のあいつぐ提起（後述）は（2）であると、いえる。いずれにおいても、道州制導入が、〇六－〇八年現在では「戦後型地方自治」の「構造改革」の重要な論点に浮上していると思われる（第三節参照）。

ここで、道州制の定義をしておこう。日本は単一主権国家であり、中央政府（国）の下位に、基礎自治体（市区町村）とそれらよりも面積が広い自治体（広域自治体、都道府県）との二層の地方自治体（公式には「地方公共団体」）が存在する（二層制の地方自治）。四七ある都道府県のうち、明治地方自治制以来、標準とされてきたのは、農村部の「県」と都市部の「府」であり、府県に比べて超広域である北海道にのみ「道」という広域自治体が設置された。同じ単一主権国家でも、フランス・イタリアなどでは、基礎自治体と標準的な広域自治体とともに、超広域自治体として「州」（region）が設置されている（三層制の地方自治）。道州制とは、日本国において、①府県を全面的に廃止し、それに替えて、単一主権国家における広域自治体として、旧府県の区域を合併して、超広域の「道」あるいは「州」（region）を数個あるいは十数個、設置し、全国土を「道」

3　小沢一郎「今こそ国際安全保障原則の確立を」、『世界』〇七年一一月号。

4　この分岐を埋めるための「政策合意」をつくろうとしたのが、〇七年一一月の福田・小沢「大連立」構想であった。「中選挙区制復活に現実性ありや」、『選択』〇八年四月号。

5　民主党は、〇五年『憲法提言』をまとめた当時の岡田克也・前原誠司両代表が、自民党以上に「改革派」（実態は新自由主義派・新保守主義派）であったため、『憲法提言』の地方自治・地方分権に関する内容は、自民党以上に新自由主義的である。その点、進藤「地方自治条項改憲論批判」、『ポリティーク』一一号（〇六年三月）、参照。その後、あるいは「州」によって再編成した上で、②中央政府（国）の権限の多くを「道」あるいは「州」に移管し、国の権限を限定する制度（英語でいうregionalism）のことを言う。道州制は、国の権限の地方分権化（②）を必ず含む点で、単なる都道府県合併（①）とは異なる。他方、アメリカ合衆国やカナダ連邦のような連邦制国家には、連邦政府の下位に、それぞれ独自の憲法・議会・内閣などを備えた州（state）政府が存在しているが、道州制は、単一主権国家の枠内の制度なので、連邦制とも異なる。

このような道州制が、「戦後型地方自治」の「構造改革」の重要な争点であるのは、それではなぜだろうか。

それは、第一に、戦前の「官治」（国家官僚制による統治）的地方自治の最大の支柱であった「国家の下級機関としての府県」（したがって府県知事は官選＝任命制）を、「自治」的な「完全自治体としての都道府県」（したがって都道府県知事は公選＝住民直接選挙）に転換したことが、「戦後型地方自治」の最も重要な要素（のひとつ）であったからであり、このため、その要素を壊すこと、つまり自治体としての都道府県制度（と公選の地方公務員である知事職）を廃止することを直接に意味する道州制が、「戦後型地方自治」の最も先鋭な「構造改革」を表現しているからである。この意味で、九条改憲にとっての恒久法に相当するものが、地方自治条項改憲にとっての道州制であるといえるだろう。

第二に、九条改憲と地方自治条項改憲・道州制導入とは、現代日本の資本主義国家の再編とい

民主党は、〇七年参院選での「平和」と「反貧困・反格差・福祉」、つまりは「反構造改革」の民意の圧力の前に、小沢代表の下で、一時的・戦術的にではあれ、地方自治についても反（非）新自由主義の方向へと転換している。その良い例が、都道府県と市町村を「福祉国家」解体の尖兵役にしようとする医療費適正化計画および後期高齢者医療制度に対して、民主・共産・社民・国民新の四野党共同で廃止法案を提出していること（〇八年二―六月）である。この転換が、『憲法提言』といった長期・戦略レベルに反映されるのかどうか、注目する必要がある。

う内容面でも、深く連動しているからである（第二節（2）参照）。

以下では、「戦後型地方自治」の成立、その改憲史にふれ、九〇年代後半からの地方分権改革のなかでの「新自由主義型地方自治」の登場と自民党『新憲法草案』における地方自治条項を検討し、最後に〇七-〇八年の道州制論の特徴を素描する。

一　日本国憲法地方自治条項の改憲史

（1）地方自治条項の成立：対立をはらんだ妥協の産物としての「戦後型地方自治」

日本国憲法の地方自治条項（後出（C））は、憲法制定当時（一九四五-四七年）における日本型旧支配層とGHQとの交渉によって成立したことが明らかになっている。[6] ここでは、日本側旧支配層による地方自治にかんする憲法案として佐々木惣一案（後出（A））を示し、GHQ側の当初の案をいわゆるマッカーサー草案（後出（B））として示し、両者の妥協過程から読み取れることを、ごく簡潔に述べる。[6]

佐々木案は、次のような特徴をもっていた。第一に、確かに地方自治を憲法で保障しているものの、それは、中央政府が必要を認めるときに法律に基づいて「地方団体」が設立され、その「統治」が中央政府の監督の下で許されるという型の地方自治だという点である（（A））の九〇条）。第二に、地方自治は、「自治団体」であること（九二条）＝団体自治と、その自治団体の事務決

6　地方自治条項の成立過程については、本章での資料A～Cをふくめて、全国知事会『地方自治の保障のグランドデザイン』（二〇〇四年二月）が参考になる。第一節の内容について詳しくは、進藤前掲（〇六年三月）参照。

定者＝地方議会と事務執行者＝首長が構成者＝住民によって選任されること＝住民自治とからなる、という点である（九一条）。このような地方自治を、大正デモクラシー時代（一九一二〜二六年）に実現していたものであるので、「戦前型地方自治」と呼んでおこう。

他方、ＧＨＱ案は、次のような特徴をもっていた。第一に、地方自治とは「地方政治」であり、とくに、地域住民が自身の政治的代表を直接選挙する営みだとしている点、つまり地方民主主義（local democracy）である（(B）の八六条）。第二に、住民が地方の政治＝政府（government）を管理運営（manage）する権利が、憲法上、直接に保障されている点である。つまり、地方自治とは、単に行政が主体となって地方行政を執行するだけでなく、（もちろん国法の範囲内ではあるが）住民が主体となって憲章を形成する営み、地方政府（local government）なのである（八七条）。第三に、特別法に限定してではあるが、住民投票を憲法上保障している点である。第四に、以上からは、住民が地方政府の主権者として想定されていると推測できる点である。第五に、そうなると、国民を主権者とする中央政府と、住民を主権者とする地方政府との権力分立が前提となっていると推測される点である。このような地方自治を便宜的に「アメリカ型地方自治」と呼んでおこう。

「戦前型地方自治」と「アメリカ型地方自治」には対立する点がいくつかあることは、容易に読み取れるだろう。両者の交渉によって成立した日本国憲法の地方自治条項は、それゆえ両者の妥協の産物であった。具体的には、第一に、「地方公共団体」は、中央政府を経由せず、憲法から直接、その存在が認められている（アメリカ型）一方、その「組織及び運営」は中央政府の法律に規定されており（戦前型）、そのうえ住民＝主権者、住民による地方政府の設立、中央政府と地方政府の権力分立、という三つの点（アメリカ型）には言及されていないことである（九二条）。第二に、地方公共団体の長（知事・市町村長、以下「首長」と呼ぶ）・地方議員・その他地方公務員の直接選挙（アメリカ型の地方民主主義）は戦前型の「住民自治」と重複して捉えられている点である（九三条）。第三に、住民が地方政治を管理運営する権利（アメリカ型）は、地方公共団体が地方行政を執行する権能、つまり「団体自治」（戦前型）へと矮小化された点である。第四に、これが重要なのであるが、日本国憲法に採用されなかった「アメリカ型地方自治」の諸要素（住民＝主権者、住民が地方政治＝地方政府を管理運営する権利、中央政府と地方政府との権力分立）は、あいまいな文言ではあるが、憲法九二条の「地方自治の本旨」（principle of local autonomy、地方自治原則のこと）に吸収されていることである。第五に、国民を主権者とする中央政府とは別個に、住民を主権者とする地方政府が設立されているという趣旨が「地方自治の本旨」に含まれているからこそ、特別法については、中央政府の国会の議決とは別に、住民投票が必要だとする九五条（アメリカ型）が、置かれている点である。

このように、「戦前型地方自治」と「アメリカ型地方自治」との対立をはらんだ妥協の産物を、ここでは「戦後型地方自治」と呼んでおこう。

〈A　佐々木惣一案の「第七章　自治」〉[6]

第九〇条　国必要を認むるときは、法律の定めたる地方団体其の他の団体をしてその名に於いて統治に任せしむることを得。

前項の団体は、国の監督を受く。

第九一条　自治団体の事務を決定する者及び之を執行する者の選任は、当該自治団体を構成する者之を行ふ。但し、法律に別段の定ある場合は、此の限に在らず。

第九二条　自治団体の構成、組織、権能、責務其の他の必要なる事項は法律を以って之を定む。

（進藤注：旧字を新字に改め、句読点を付した。）

〈B　一九四六年二月一三日総司令部案（いわゆる「マッカーサー草案」）の「第八章　地方政治(Local Government)」外務省訳[6]〉

第八六条　府県知事、市長、町長、徴税権を有する其の他の一切の下級自治体及法人の行政長、府県議会及地方議会の議員並びに国会の定むる其の他の府県及地方役員は、夫れ夫れ其の社会（communities）内に於て、直接選挙に依り選挙せらるべし。

第八七条　首都地方、市及町の住民は、彼等の財産、事務及政治(government)を処理(manage)し、並びに国会の制定する法律の範囲内に於て、彼等自身の憲章（charters）を作成する（frame）権利を奪はるること無かるべし。

第八八条　国会は、一般法律の適用せられ得る首都地方、市又は町に適用せらるべき地方的又は特別の法律を通過すべからず。但し、右、社会の選挙民の大多数の受諾（acceptance of a majority of the electorate of such community）を条件とするときは此の限に在らず。

（進藤注：旧字を新字に改め、一部に句読点を追加した。）

〈C　日本国憲法の「第八章　地方自治」〉

第九二条　地方公共団体の組織及び運営に関する事項は、地方自治の本旨に基づいて、法律でこれを定める。

第九三条　地方公共団体には、法律の定めるところにより、その議事機関として議会を設置する。地方公共団体の長、その議会の議員及法律の定めるその他の吏員は、その地方公共団体の住民が、直接これを選挙する。

第九四条　地方公共団体は、その財産を管理し、事務を処理し、及び行政（administration）を執行する（manage）権能を有し、法律の範囲内で条例（regulations）を制定（enact）することができる。

第九五条　一の地方公共団体のみに適用される特別法は、法律の定めるところにより、その地方公共団体の住民の投票においてその過半数の同意を得なければ、国会は、これを制定することができない。

（進藤注：一部に日本政府による英文訳を付した。）

(2)「復古型地方自治」への解釈改憲

一九五〇年代の保守政党による改憲構想は、総じて天皇制国家への逆コースをめざすものであったが、地方自治条項に関しては、九三条の首長公選の削除、その他の地方公務員の直接公選の削除（教育委員・公安委員などが想定されている）、九五条の住民投票の削除が争点となった。つまり、地方民主主義の著しい縮小が企図されたのである。明文改憲は実現しなかったが、現実の地方自治の営みでは、「戦後型地方自治」は地方民主主義縮小の方向へ解釈改憲されたといえよう。道州制論の第一の山と時期的に重なるゆえんもこの点にある。

(3)「開発主義型地方自治」への解釈改憲

政府憲法調査会最終報告（一九六四年）では、地方自治条項に関する最大の改憲構想は、「国と地方公共団体は協同して国民福祉の増進に努めなければならない」という趣旨を挿入する点にあった。これは、復古型改憲による地方民主主義の縮小を前提とし、高度経済成長という目的に奉仕するべく、中央政府による地域開発を「国民福祉」とし、そのための膨大な計画・法制の整備、地方出先機関の設立、機関委任事務＝国庫補助金体制の確立を中央・地方の「協同」として、合憲化しようとする改憲構想であった。ここではこれを「開発主義型改憲」と呼んでおこう。この改憲も、明文上は実現しなかったが、現実の地方自治の営みでは、「開発主義型地方自治」への事実上の解釈改憲がなされたといえよう。

(4) 地方自治条項明文改憲論の長い不在

六〇年代中盤から九〇年代前半までの約三〇年間は、九条改憲論は八〇年代前半、九〇年代前半に二度高まりを見せ、道州制論も八九-九五年に第二の山を迎えるが、地方自治条項の明文改憲論は、不在であった。これは、都市部では、革新自治体の叢生によって、住民の直接民主主義的参加が高まり、「戦後型地方自治」が開花する一方、農村部では、田中角栄に代表されるような開発主義型利益誘導政治が全面化し、「開発主義型地方自治」への解釈改憲でじゅうぶんに対応できたためであると考えられる。

二 地方分権改革と新自由主義型改憲論の登場

(1) 地方分権改革の内容

八〇年代末の「政治改革」ブームと九〇年代の「構造改革」によって、田中角栄・竹下派と補助金ばらまきに象徴される「開発主義国家」と訣別して「新自由主義国家」をめざす動きが強化されるなかで、地方自治についても、「開発主義型」から「新自由主義型地方自治」とでもいうべき新しいありかたへの再編の動きが出てくる。最初に起こったのは道州制導入論（八九–九五年頃）である（第三節参照）が、これが挫折した後、九五年ころからは、地方分権改革が進むことになる。

地方分権改革には[7]、①基本理念レベルでの国・地方の役割分担の見直し（「開発主義型」の「大きな中央政府」を削減し、「自己決定・自己責任」の論理によって地方自治体に大幅に権限を分散する）、②具体的レベルでの国から地方への権限委譲（補助金削減など）、③自治体の財政基盤の強化（地方交付税・補助金の削減と地方財源の強化など）、④自立的な地方行政の強化（市町村合併、都道府県合併、道州制など）という四つの柱があった。このうちの、まず①②は地方分権推進委員会（九五–〇一年）によって、次に④は「平成の市町村合併」政策（九九–〇五年）によって、そして③は「地方税財源の三位一体改革」（〇二–〇五年）によって、それぞれ進められたが、支配層とくに経済界と自民党内には、こうした改革は微温的であり、もっと大胆な、「新自由主義型地方自治」とでもいうべきものを明確に押し出す「改革」が必要だという見方が九〇年代後半以来、たえず存在していた。これが、地方分権改革にとどまらない、地方自治条項の明文改憲論として、さまざまな形で登場してくることになった。二〇〇〇年の国会憲法審査会設置以来の改憲論の隆盛が、地方自治条項明文改憲論を促した面もある。

そうした地方自治条項明文改憲論の一つの集大成が、〇五年自民党『新憲法草案』（以下、『草案』と呼ぶ）であった。そこで以下、『草案』を検討する。なお、民主党『憲法提言』の内容も見過

7　九〇年代以降の道州制を含む「地方自治の構造改革」全般については、進藤「地方分権改革から地方構造改革へ」（加茂利男編『構造改革と自治体再編』、自治体研究社、二〇〇三年）、進藤・久保木匡介著『地方自治構造改革とニュー・パブリック・マネジメント』（東京自治問題研究所、二〇〇四年）、参照。

ごせないが、具体的な条文の形をとった改憲論ではないので、紙幅の関係もあり、やむをえず本章では検討を省略する。

(2) 自民党『新憲法草案』での地方自治の位置づけ

自民党『新憲法草案』は、以下のような特徴がある。第一に、新憲法制定＝全面改憲であり、現代日本の資本主義国家・国民国家の全面的再編をめざしている。第二に、最も重要な点は、九条改憲であり、「自衛軍」保持とそれの海外共同派兵に道を開くことである。これにともなって、「前文」からの平和的生存権の削除と愛国心の規定、「緊急事態」＝戒厳令の明記、軍事的公共性などの「公益および公の秩序」の強調、政教分離の緩和(靖国神社への政府関与を想定したもの)が『草案』に盛り込まれている。第三に、憲法改正手続き(現行九六条)を改め、議会多数派＝政権与党による柔軟な改憲に道を開くことである。第四に、国民の権利の一定の拡大がなされている。

第五は、内閣・国会・財政・地方自治という統治機構の再編である。①まず、「強い首相・内閣」の強調である(首相の解散権の強化、首相の行政各部への指揮監督権の強化など)。サッチャー政権下の英国や、『草案』が策定された二〇〇五年の小泉首相による「郵政政局」は、そのモデルなのであろう。②ついで、財政的に「小さな政府」である。とくに『草案』八三条第二項は、アメリカを模した財政均衡原則であり、これにより憲法二五条(ナショナルミニマム)に反してでも財政削減することが可能になる。③そして、地方自治の新自由主義化がめざされている。項を改めよう。

(3)『新憲法草案』地方自治条項――「新自由主義型地方自治」への明文改憲

『草案』の地方自治条項は以下〈D〉に示したが、要点のみごくごく簡潔に述べたい。第一に、新九一条の二(地方自治の本旨)の第一項は、「地方自治イコール団体自治プラス住民自治」という場合の、団体自治に相当する規定である。ここでは、「地方自治は、……行政を……実施すること」とされており、これは本章でいう「戦前型地方自治」を強化するもの、逆に言えば現行憲法の「戦後型地方自治」から「アメリカ型」の要素=地方政府・地方政治(local government)としての地方自治を払拭する規定である。

第二に、新九一条の二の第二項は、住民自治に相当する規定であるが、ここでは「住民は……負担を……分任する義務を負う」という規定が注目される。財政学でいう負担分任原則とは、低所得者をふくむ幅広い住民が財政負担をすべきだという原則であり、課税最低限の引き下げ、均等割の増、税以外の負担の正当化のために使われるものである。住民=主権者による地方民主主義という「アメリカ型」の要素が薄められていることは言うまでもない。

第三に、新九一条の三(地方自治体の種類等)と新九二条(国及び地方自治体の相互の協力)は、現行憲法にない新しい規定であり、おそらく現行の「地方自治イコール団体自治プラス住民自治」にさらに「国-広域自治体-基礎自治体関係」をプラスする意図を表している。現行地方自治法の

第一条の三の第三項「普通地方公共団体は都道府県と市町村とする」と比較してここで注目されるのは、まず、「広域地方自治体」が都道府県とは明記されていない点である。これは、道州制をにらんで、都道府県制度を廃止することを可能にする規定である。（ここではくわしく紹介できないが、自民党内での『草案』策定過程からは、道州制が念頭に置かれた規定であることが明らかになっている。）また注目されるのは、「広域地方自治体」と「基礎地方自治体」との関係は「補完」関係のみである点である。現行地方自治法では、都道府県の役割は「広域事務」（県立の病院・高校、環境保全などナショナルミニマムにかかわる事務が多数ある）、「連絡調整」、「補完」（県立の障害者福祉など）の三つである（地方自治法二条五項）から、『草案』では都道府県レベルの役割が大幅に削減されることになる。これも道州制をにらんだ規定である。さらに注目されるのは、新九二条で国と自治体の関係を「適切な役割分担」「相互協力」に限定している点である。先述した地方分権改革によって、国の役割は大幅に限定されており（「小さな中央政府」＝新自由主義）、「適切な役割分担」論によって、「開発主義型地方自治」に基づく「大きな中央政府」からの訣別はいっそう明瞭である。そして、『草案』全体が新保守主義と新自由主義をめざす中での国・自治体の「相互協力」は、自治体に新保守主義・新自由主義を強いるものになる。

第四に、新九四条の二（地方自治体の財務及び国の財政措置）が重要である。その第一項では地方税と地方自主財源が強調され、第二項では抽象的に「必要な財政上の措置」とあるばかりで、ナショナルミニマムを確保するための地方交付税や医療・教育・福祉・環境等の国庫補助金については明記されていない。そして第三項では財政均衡原則が新たに導入されており、これは医療・福祉・教育などのナショナルミニマムに関連する予算を削減する論理として威力を発揮するはずである。総じて、財政上の新自由主義を推進する規定となっている。

第五に、現行九五条（住民投票）を削除するとしている。この規定は、本章でいう「アメリカ型地方自治」の要素であり、その削除は、現行の「戦後型地方自治」＝「地方自治の本旨」のなかにあいまいではあれ含まれていた、住民＝主権者、自治体＝地方政府、中央政府と地方政府の権力分立という三つの要素を削除する意味を持っている。

以上を要するに、新自由主義的な国家再編に資するような地方自治の再編、「新自由主義型地方自治」の規定であるといえる。

〈D　自民党『新憲法草案』（二〇〇五年）の地方自治条項〉

新九一条の二（地方自治の本旨）①地方自治は、住民の参画を基本とし、住民に身近な行政を自主的、自立的、かつ総合的に実施することを旨として行う。

②住民は、その属する地方自治体の役務の提供をひとしく受ける権利を有し、その負担を公正に分任する義務を負う。

新九一条の三（地方自治体の種類等）①地方自治体は、基礎地方自治体及びこれを包括し、補完する広域地方自治体とする。

②地方自治体の組織及び運営に関する基本的事項は、地方自治の本旨に基づいて、法律でこれを定める。

新九二条（国及び地方自治体の相互の協力）　国及び地方自治体は、地方自治の本旨に基づき、適切な役割分担を踏まえて、相互に協力しなければならない。

新九三条（地方自治体の機関及び直接選挙）　①地方自治体には、法律の定めるところにより、条例その他重要事項を議決する機関として、議会を設置する。

②地方自治体の長、議会の議員及び法律の定めるその他の公務員は、当該地方自治体の住民が、直接選挙する。

新九四条（地方自治体の権能）　地方自治体は、その事務を処理する権能を有し、法律の範囲内で条例を制定することができる。

新九四条の二（地方自治体の財務及び国の財政措置）　①地方自治体の経費は、その分担する役割及び責任に応じ、条例の定めるところにより課する地方税のほか、当該地方自治体が自主的に使途を定めることができる財産をもってその財源に充てることを基本とする。

②地方自治の本旨及び前項の趣旨に基づき、地方自治体の行うべき役務の提供が確保されるよう、法律の定めるところにより、必要な財政上の措置を講ずる。

③第八三条第二項の規定は、地方自治について準用する。

（八三条第二項「財政の健全性の確保は、常に配慮されなければならない。」）

現行九五条（特別法における住民投票）＝削除

三　〇七―〇八年道州制構想の特徴

戦後の道州制論議は、政府の第四次地方制度調査会が道州制を答申した一九五七年頃から、政府憲法調査会の最終報告が出され、改憲論議が終息した六四年頃までが最初の山を、第二次臨時行政改革推進審議会の最終答申が抜本的な地方制度改革の一環として道州制に言及した八九年頃から、地方分権推進委員会が発足し、道州制論を棚上げすることを決めた九五年頃までが第二の山をなしている。そして、二〇〇三年七月の参院選での「マニフェスト」で自民・民主両党が道州制に言及した頃から今日に至るまでが、第三の山となっている。とくに、〇六年に、それまで最大の争点であった「市町村合併」と「税財政の三位一体改革」に一区切りがつく一方、二八次地方制度調査会が政府の審議会としては約五〇年ぶりに道州制について答申し、また道州制導入に熱心な安倍内閣が同年に発足したため、〇七―〇八年には、道州制論は、「夕張問題」＝自治体の財政再建と地方公共サービス削減の問題とともに、地方自治をめぐる最も ホットな論点に浮上した[8]。

道州制論の第三期を、年表風にまとめれば、おおよそ以下のとおりである。

8　戦後の道州制論議の歴史については、松本英昭監修『道州制ハンドブック』（ぎょうせい、二〇〇六年）、樹神成「広域自治体論」（山田公平ほか編著『地方自治制度改革論』、自治体研究社、二〇〇四年）、参照。

二〇〇二年　一〇月　全国経済同友会『自ら考え、行動する地域をめざして』（道州制導入）
　　　　　　一一月　衆参両院憲法調査会（二〇〇〇年一月～）『中間報告』（道州制に言及）
二〇〇三年　一月　日本経団連『活力と魅力溢れる日本をめざして』（州制導入を明記）
　　　　　　七月　自民党「政権公約二〇〇三」（道州制導入と道州制特区導入）
　　　　　　　　　民主党「マニフェスト」（道州制を明記）／参院選
　　　　　　一一月　二七次地方制度調査会「最終答申」（道州制の骨子）
二〇〇四年　三月　二八次地方制度調査会が発足（道州制が中心議題）
　　　　　　五月　地方分権改革推進会議（二〇〇一年七月～）「最終意見」（道州制の論点整理）
　　　　　　一一月　自民党・道州制調査会が発足
二〇〇五年　九月　自民党「政権公約二〇〇五」（道州制導入の検討促進）
　　　　　　　　　民主党「マニフェスト」（道州制を明記）／衆院選
　　　　　　一〇月　自民党「道州制第一次中間報告」
二〇〇六年　一月　竹中総務相の私的諮問機関「地方分権　二一世紀ビジョン懇談会」が発足（地方自治での竹中路線）
　　　　　　二月　地方制度調査会「道州制のあり方に関する答申」
　　　　　　六月　竹中ビジョン懇「報告書」（自治財政健全化法、地方財政緊縮、道州制などを明記）

九月　安倍内閣発足（道州制担当大臣を置く）
一二月　道州制特区推進法が成立
二〇〇七年　一月　日本経団連『希望の国、日本』（道州制導入を明記）
道州制担当相の私的懇談会「道州制ビジョン懇談会」発足
全国知事会「道州制に関する基本的考え方」
三月　日本経団連「道州制導入に向けた第一次提言――究極の構造改革」
四月　地方分権改革推進委員会が発足（いわゆる「第二期分権改革」）
五月　日本経団連が道州制推進委員会を設置
六月　自民党「道州制第二次中間報告」
七月　参院選
九月　福田内閣発足
一〇月　自民党・道州制推進本部が設置
二〇〇八年　二月　国土審議会「国土形成計画」案（全国八ブロック圏構想）
三月　自民党「道州制第三次中間報告」
道州制ビジョン懇「中間報告」[9]
麻生太郎が道州制構想を発表（『ＶＯＩＣＥ』四月号）
六月　地方分権改革推進委「第一次勧告」

9　ビジョン懇座長の江口克彦（ＰＨＰ総研社長）の著書、『地域主権型道州制』（ＰＨＰ新書、二〇〇七年）、参照。

秋　日本経団連「道州制に向けた第二次提言」（予定）

二〇一〇年　道州制基本法案が国会に提出？

この第三期の道州制論の特徴を、二八次地方制度調査会答申[10]、道州制ビジョン懇中間報告[11]、自民党第三次中間報告[12]、日本経団連提言[13]によってごく簡単にまとめると、以下のとおりである。

理念レベルでは、第一に、地方分権改革以上に強い「中央集権体制の打破」が掲げられる。それは一見、本章でいう「開発主義型地方自治」を打破するもののようであるが、よくみると「国家的プロジェクト」（高速道路など）は中央政府の権限とされており、他方、教育、医療、福祉、介護、農業、中小企業、住宅などにかかわる政策は、その実施をほとんど地方に委任するという構想になっている。つまり、実際には、道州制論は福祉国家型ナショナルミニマムの破壊に通じる危険性が高いのである。また、道州制論は中央政府の役割を限定するとしているが、その役割とは、皇室、外交、軍事、通貨・通商、資源・エネルギー・市場競争の確保などである。中央政府の役割は新自由主義・新保守主義的なものに集中することになるので、新自由主義化・新保守主義化に道州制・「中央集権体制の打破」で歯止めをかけることは期待できない。

第二に、道州制は中央政府主導で導入されるため、「戦後型地方自治」の原点である、住民＝地域の主権者、住民が主体となった「地方政府」、中央政府と地方政府との権力分立という諸理念が失われることである。

10　http://www.soumu.go.jp/singi/pdf/no28

11　http://www.cao.go.jp/seisaku/doushu/

12　http://www.jimin.jp/jp/seisaku/2007/

13　http://www.keidanren.or.jp/japanese/policy/2007/

第三に、都道府県が廃止されて道州が導入されると、ただでさえ住民から疎遠な広域自治体がいっそう疎遠となり、「戦後型地方自治」の原点である地方民主主義が失われる危険性が高い。これほどに広域な道州は形式上は自治体であっても実態は「国家の下級機関」化するだろう。

具体的な内容では、第四に、都道府県制度を廃止して、新たに全国いっせいに道州制を導入するとしている。このため、どの県とどの県をまとめて一つの道州にくくるかという「区割り」の問題がクローズアップされる。とくに、産業と財政が集中する東京都をどう扱うか（単独の東京州にするか、南関東州にするか、それとも国直轄ないし自治権限を削減するかなど）は最大の論点となっている。「区割り」次第では、地方間格差（北海道・中国四国・九州と南関東・東海などとの格差）がさらに拡大する危険性がある。

第五に、道州の知事を（さすがに中央の任命制にするという案は却下されているが）直接選挙で選ぶかどうか、道州の議会をどう構成するか、道州の財政をどうするのか、といった重要な論点についてはまだまだ一致点が見出せていないことである。

おわりに

九条改憲および恒久法とはちがって、地方自治条項改憲および道州制は、アメリカ合衆国政府からの圧力がなく、もっぱら国内の支配層によって推進されているため、国内政治、とくに地方政治での支配層‐被支配諸勢力の力関係が転換すれば、その推進力も弱められる。実際、道州制推進論者たちは、国民の間に強い支持がないことに悩みと焦りをもっている。このため、道州制論議は、恒久法論議よりもずっとゆるい時間尺度で行われている。たとえば、日本経団連は二〇一五年道州制導入を提言し、道州制ビジョン懇は二〇一一年に道州制推進基本法の成立→二〇一八年頃に都道府県制度廃止、道州制導入を提起している。その上、かつての「首都移転」論議のように、一時は盛り上がりを見せても、国内政治での力関係の転換によって、結果的に頓挫する可能性もある。[14]

このように、地方自治条項改憲と道州制導入が、〇八年春現在できわめて緊迫した情勢になっているというわけではない。むしろ、「平成の市町村合併」政策と地方財政緊縮のダブルパンチによって、医療・福祉（生活保護・障害者福祉・保育を含む）・介護・教育・農業・中小企業・住宅といった自治体の政策分野で新自由主義改革が急速に進行し、諸矛盾が累積している点こそが、地方自治をめぐる最も先鋭な争点になっていることに、より注意を払う必要があるだろう。[15]

これに対して、私たちが目指すべき地方自治は、憲法上は「戦後型地方自治」の全面開花（住民＝主権者、地方民主主義、地方政府の住民主導の運営、中央政府と地方政府の権力分立）であり、実際の地方自治の営みとしては、「開発主義型」でも「新自由主義型」でもなく、ナショナルミニマムを重視するような「福祉国家型地方自治」であろう。

14　首都移転論議は、国会で決議がなされ、法律が成立し、政府の審議会が設置され、最終候補地二地域を具体的に絞り込む答申が出たにもかかわらず、その後頓挫してしまった。道州制論議も、そのようになるのではないかという冷めた判断も、専門家の間にはある。土岐寛・市川宏雄・金井利之・野村幸裕「座談会・東京の自治制度改革をめぐって」、『東京研究』六号（東京自治問題研究所、二〇〇六年七月）、参照。

15　二〇〇八年五月に地方分権改革推進委員会が提出した「第一次勧告」（http://www.cao.go.jp/bunken-kaikaku/iinkai/参照）は、「重点分野行政の抜本的見直し」として、保育・高齢者福祉・障害者福祉・医療・生活保護・教育などについて、

〈参考文献〉
・進藤兵「地方自治条項改憲論批判」、『ポリティーク』一一号（二〇〇六年三月）
・全国知事会『地方自治の保障のグランドデザイン』（二〇〇四年二月）
・松本英昭監修『道州制ハンドブック』（二〇〇六年、ぎょうせい）

「全国一律の最低基準という位置づけを見直」することを提言しているが、これは「地方分権」の名の下に福祉国家型ナショナルミニマムを解体しようとするものである。

第２章

新自由主義的「改革」と地方分権

白川 真澄

しらかわ ますみ
1942年生。『季刊ピープルズ・プラン』編集長。著書『脱国家の政治学』（1997年、社会評論社）ほか。

はじめに

二〇〇七年七月の参院選での自民党の歴史的な惨敗と安倍政権の瓦解は、ひじょうに大きな意味をもつ出来事となった。日本の政治を十数年にわたって牛耳ってきた右翼ナショナリズムの潮流が挫折し、二〇一〇年改憲発議をめざした明文改憲の目論みは表舞台から消えざるをえなくなった。同時に、小泉流のあからさまな新自由主義的「改革」にもブレーキがかけられた。

しかし、地方自治の領域では、国が強行してきた市町村合併の上に道州制を導入する構想、市町村に国民保護計画を策定させ有事法制を完成させる企て、地方自治体の公共サービスを削減したり民営化・民間委託を加速する動きは、ストップしておらず現在進行中である。財政再建を優先し地方交付税をさらに減らすべきだという主張も、いぜんとして強い。とはいえ、参院選での「地方の反乱」の噴出は、地域間格差を是正するための一連の政策的な手直し（法人二税[1]の配分の変更、地方交付税の現状確保、道路建設など公共事業の復活など）に福田政権を向かわせつつある。新分権一括法の制定を次の新しい焦点としながら、地方分権をめぐってさまざまの思惑や勢力がぶつかりあう複雑な過程が進行すると思われる。

この中で、「小さくて強い政府」をめざす新自由主義の地方分権・地方自治の路線は、いぜんとして有力な流れであるだろう。この流れは日本経団連の道州制構想などに代表されるが、改憲構想として文章化されているのが自民党「新憲法草案」（〇五年十月）の「第八章地方自治」の条項である。この「新憲法草案」自体がかなり色褪せた感もするが、「地方自治」の条項は、現行憲法と比

1　地方税として企業に課せられる法人住民税（県民税、市町村民税）と法人事業税のこと。企業の本社が集中する東京都や愛知県などの税収が抜きんでていて、地方との格差が大きい。福田政権は〇八年度の予算編成に際して、東京都などから法人事業税のうち四千億円を地方に移転するという配分変更を行った。

べて多くの変更が加えられている部分である。

（1）「地方自治の本旨」の新設。「地方自治は、住民の参画を基本とし、住民に身近な行政を自主的、自立的かつ総合的に実施する」、「住民は、その属する地方自治体の役務の提供をひとしく受ける権利を有し、その負担を公正に分担する義務を負う」（第九一条の二）。これは、地方自治法の規定をほぼ言い換えたものだが、草案はさらに「国及び地方自治体の相互の協力」の項目、すなわち「国及び地方自治体は……適切な役割分担を踏まえて相互に協力しなければならない」（第九二条）を新たに設けている。

（2）「地方自治体の種類等」の新設。「地方自治体は基礎地方自治体及びこれを包括し、補完する広域地方自治体とする」（第九一条の三）。これは、道州制の導入を意味している。明言していないが「広域地方自治体」が道州を指すことは、〇四年に発表された自民党「改憲草案大綱」が「広域的な自治体である道州と基礎的な自治体である市町村の二層制」とする、としていたことからも明らかである。

（3）「地方自治体の財務及び国の財政措置」の新設。「地方自治体の経費は……地方税のほか、当該地方自治体が自主的に使途を定めることができる財産をもってその財源に充てることを基本とする」、「国は……地方自治体の行うべき役務の提供が確保されるよう、……必要な財政上の措置を講じる」、「第八三条第二項の規定（「財政の健全性の確保は常に配慮されなければならない）は、地方自治について準用する」（第九四条の二）。

（４）特定の地方に適用される特別法について住民投票が必要である、と定めた現行憲法の第九五条が全面削除されている。

本稿では、これらの条項に即した詳しい検討は他の筆者に委ねて、二〇〇〇年の地方分権改革以降、小泉政権の下で、とくに「構造改革」の下で地方自治に何が起こったのかという実態を跡づけてみる。そして、大都市と地方の地域間格差の拡大が問題になっている現在、地方分権をめぐる論争の争点に触れたい。

二〇〇〇年の地方分権改革

地方分権一括法[2]（一九九九年成立）にもとづいて行われた二〇〇〇年の制度改革の中心は、機関委任事務を廃止したことであった。機関委任事務は、住民に選ばれた首長を国の出先機関化し中央省庁の指揮監督の下に置く仕組みであった。したがって、その廃止は、制度上では地方自治体が中央政府への従属関係から脱して、対等な地方政府の確立に向かって大きな一歩を踏み出したことを意味した。

しかし、この分権改革には、重大な限界があった。第一に、国(中央政府)による関与(統制、干渉)の余地を大きく残した。国による是正の指示や代執行が認められる「法定受託事務」の範囲が広げられただけではない。「自治事務」であっても、法令で事業内容や実施方法を縛ったり福祉施設の設置基準を全国一律で義務づける「義務付け」が行われた。第二に、補助金（国庫支出金）

2　一九九〇年代に、地方分権推進法（九五年）とそれにもとづく地方分権推進委員会を舞台にして地方分権改革の動きが進んだ。分権推進委員会の四次にわたる勧告にもとづき橋本政権は「地方分権推進計画」を策定し、一九九九年に機関委任事務の廃止を柱とする地方分権一括法が成立した。これにともなって、地方自治法など多くの法律が改正された。地方分権一括法は二〇〇〇年四月から施行されたが、これが第一次「分権改革」と呼ばれている。

のシステムに手をつけず、国と地方の間の財政上の支配・従属関係をそのまま残した。使い道が特定されている補助金は、地方自治体の事業を住民のニーズよりも中央省庁の意向に沿って行わせる強力な手段となってきた。第三に、「国の安全」に関わる外交・軍事の領域を国の専管事項として独占し、地方自治体が住民の生命や人権を守るために行使する拒否権や発言権を奪った。これは、駐留軍用地特別措置法の再改悪（米軍用地の強制使用に関する首長の事務手続き権限を取り上げ、県の収用委員会の権限を骨抜きにした）に典型的に現われた。

これらの限界は、分権改革が立脚した〝国と地方自治体の役割分担〟という地方分権論から来ている。これは、地方自治体が福祉や都市計画や公共事業など住民の生活に関わる仕事を中心的に担う代わりに、中央政府は「国の安全」に関わる外交・軍事・危機管理についての決定権を独占するというものである。この考え方は、改正地方自治法に「国は、国際社会における国家としての存立に関わる事務……を重点的に担い、住民に身近な行政はできるかぎり地方公共団体に委ねることを基本として、地方公共団体との間に適切な役割を分担する」と明記された。この〝国と地方自治体の役割分担〟論は、「有事」の際に地方自治体を国の下請け機関に変え、自治権を大幅に制限する有事法制を押し付ける際の論理とされた。また、在日米軍再編に伴う基地機能の強化に対して、座間市・相模原市・岩国市などの自治体が強い反対の声を上げげたにもかかわらず、国がこれをまったく無視して再編計画を強行した際の根拠にされた。〝役割分担〟に加えて、自民党「新憲法草案」にある「国と地方自治体の相互協力」、実際には〝国への協力〟が定められれば、国策に協力しないという理由で岩国市の庁舎建設への補助金を交付しないといった仕打ちが、全国で横行することになるだろう。

徹底した地方分権を実現する立場からは、中央政府と地方自治体は、〝役割分担〟ではなく〝対等な政府間関係〟にあるという原則に立つべきである。しかし、二〇〇〇年分権改革が〝国と地方自治体の役割分担〟論に立つものになったのには理由があった。それは、この分権改革が相対立する三つの流れが複雑に交錯した政治力学の均衡点で実現されたからである。

一つの流れは、国からの行政・財政上の権限の移譲を求める地方自治体の要求と働きかけであった。これは、全国知事会をはじめ地方六団体[3]に代表される流れである。地方分権の実現は、住民の自治（自己決定権の行使）にとって不可欠の政治的条件である。しかし、公共事業に抵抗したり住民投票を組織した住民運動を含めて、地方分権化の要求は住民や市民自身の政治的要求として運動化されるには至らなかった。そのため、地方分権化の要求は、首長レベルの動きにとどまった。

もう一つの流れは、「小さな政府」の実現を求める経済界の要求と働きかけであった。これは新自由主義の立場から、中央政府は社会保障や公共事業などの「内政」を地方自治体に移し、軍事・外交・危機管理といった「国家本来の仕事」に専念すべきだと主張した。経済界は、減税と財政支出の削減、規制緩和と一体のものとして地方分権の推進を求めた。

こうした分権化の動きの前に立ちふさがったのは、権限と予算配分を独占しつづけようとす

3　全国知事会、全国都道府県議会議長会、全国市長会、全国市議会議長会、全国町村長会、全国町村議会議長会の六つの団体のこと。政府の予算編成や地方自治制度の改革に際して地方自治体側の意見や要望を提示する活動を行ってきた。小泉政権の「三位一体改革」に対しては政府との協議の場を設けて、補助金の大幅な削減と税源移譲を進める独自の提案を行ったが、道路特定財源の暫定税率の維持をめぐっては維持を強く主張し、分権よりもカネをくれという圧力団体の姿をさらけ出した。

る中央省庁の官僚であり、これを後押しする「族議員」であった。これは、一大勢力であった。二〇〇〇年分権改革はこれら三つの勢力の攻防の妥協の産物であった。しかし、それ以降の地方自治・地方分権の動向は、小泉「構造改革」の登場によって「小さい政府」をめざす新自由主義の流れが主導することになった。

小泉政権下の地方自治

小泉政権は、「構造改革」という形で日本における新自由主義的改革を本格的に推進する政権として登場した。同時に、政治的にはイラク派兵をはじめ対米軍事協力をあからさまに推進し、また自ら靖国神社参拝を強行して右翼ナショナリズムの跳梁を加速した。こうした「小さくて強い政府」（国家が社会保障などの仕事から手を引き軍事や危機管理に力を入れる）の特徴は、地方自治の分野でも次のような政策として現われた。（1）有事法制の確立、とくに地方自治体を戦争協力の主役として国の統制下に組み込む国民保護法制の確立、（2）小さな自治体を潰す市町村合併の大がかりな推進（「平成の大合併」）、（3）地方交付税の大幅な削減を狙った「三位一体改革」、（4）地方自治体の公共サービスの民営化・民間委託の推進。

ここでは、（1）の問題を別稿に譲り、（2）（3）（4）の問題を考察する。この三つの政策を貫くのは、国の財政再建＝健全化（歳出削減）を優先し地方自治体に経営体としての自立を強要するという論理である。小泉「構造改革」の骨格を示した「骨太の方針」[4]（経済財政諮問会議、

4 首相が議長を務める経済財政諮問会議が毎年定める経済と財政の運営の基本方針のこと。小泉政権が〇一年六月に決めた「経済財政運営と構造改革に関する基本方針」は「骨太の方針」第一弾と呼ばれ、小泉「構造改革」を強力に推進する路線をうち出した。

〇一年六月）は、「地方自立・活性化」について次のように述べている。「国が地方に対して関与をすると同時に、その財源も手当し画一的な行政サービスを確保する時代から」地方が「個性と創造性を十分に発揮し、互いに競争していく」、「『自助と自律の精神』の下で、各自治体が自らの判断と財源で行政サービスや地域づくりに取り組」む時代に移る。「まず受け皿となる自治体の行財政基盤の拡充と自立能力の向上を促し、国に依存しなくても『自立し得る自治体』を確立しなければならない」。そのために、（1）市町村合併をより強力に推進する、（2）自治体の規模に応じて仕事や責任を変える、（3）地方交付税と補助金を減らし、地方への財源移譲を検討する、（4）「段階補正」は「効率化への意欲を弱める」から見直す。（5）地方の歳出を、「国の財政健全化と歩調を合わせ」て削減する。

ここには、〝市場原理を導入した地方分権の推進〟という発想があからさまに述べられている。国は財政再建を優先して地方交付税や補助金を削るから、地方自治体は企業なみに徹底したコスト削減＝歳出削減を行え。公共サービスの民営化などの自助努力によって自治体間競争に生き残れ。地方交付税に財源を頼るような弱小の自治体は合併せよ、というわけである。小泉政権は、この路線を忠実に実行していった。

小さな自治体を潰した市町村合併

「平成の大合併」と呼ばれる市町村合併の大波が全国に押し寄せ、地方自治体の姿は一変した。

一九九九年四月に三二二九あった市町村は、二〇〇六年三月には一八二二にまで激減した。森政権の「行革大綱」(二〇〇〇年末)が定めた一千の目標には届かなかったが、市町村数は半分近くにまで減ったのである。愛媛県では七〇から二三に、広島県では八六から二九にと、三分の一にまで減った県もある。一万人以下の市町村は、九九年には一五三七と全体の四八%を占めていたが、現在では四八九、全体の二七%に減った。

この市町村合併は、国がアメとムチで強行したものである。アメは、合併特例債などの財政的優遇措置であった。合併する市町村が新庁舎建設などの事業を行う場合には、費用の九五%を地方債で賄うことができ、その返済の七〇%を地方交付税で補填してやる。財政事情が苦しい上に公共事業予算のカットで事業ができなかった市町村は、この餌に飛びついた。特例債といっても、自己負担分も膨らむ。これは、九〇年代に国が景気対策として地方交付税による補填を担保に地方自治体に借金をさせて公共事業を行わせ、莫大な債務を背負いこませた犯罪的なやり方と同じである。

ムチは、小さな市町村への兵糧攻めであった。人口が少ない過疎地の自治体は、自前の地方税収入が少なく、標準的なサービスを提供するためには地方交付税に財源を頼らざるをえない。また、同じサービスを提供するコストが割高になる。そこで、地方交付税を厚めに配分する「段階補正」が行われてきた。しかし、この「段階補正」がすでに縮小され始めていたが、小泉政権の手でいっそう縮小された。そして、地方交付税全体の削減が重くのしかかり、財源不足に見舞われる自治体が相次いだ。

さらに、市町村合併に拍車をかけたのが、一定規模の人口に満たない地方自治体の存在を否認する措置が提案されたことである。〇二年秋に地方制度調査会で西尾勝副会長が提示した私案がそれである。合併特例法の期限（〇五年三月）までに一定規模の自治体（市なみの規模と能力を持つ）に再編されなかった市町村については、人口要件を法律で明示して、その解消をめざして合併を推進する。それでも合併しなかった小さな町村は、事務権限を縮小し、議員は無給で助役や収入役を置かない団体に移行するか、他の基礎自治体に編入してその内部組織に移行する、というものであった。合併を拒む小さな地方自治体に対しては重要な権限を取り上げるか、強制合併して「内部組織」にしてしまう、という西尾私案は衝撃を与え、合併への流れを加速したと言われる。新合併関連法（〇四年成立）は、人口要件を示して小さな市町村を廃止するという規定こそ明記しなかったが、人口一万人未満など合併対象となる自治体の基準を総務大臣が示す、「地域自治区」（旧市町村などを単位とする）を設置できる、知事が合併の斡旋・勧告を行うといった規定を新たに定めた。

市町村合併を推進する論理は、小さな市町村では福祉であれ教育であれ十分なサービスを提供できない、だから合併して財政基盤を強化し専門の職員を置けば公共サービスを向上できる、というものであった。しかし、合併の狙いはあくまでも財政健全化のための行政コストの削減にあるから、職員数の削減、施設や事業の統廃合が行われ、サービスが低下することは避けられない。

たとえば、災害時に一人住まいの高齢者を救援できる職員の配置が削られる事態が容易に想像できる。いま人口の流出と高齢化の中で、六五歳以上の高齢者が半数を占める「限界集落」は全国に七八七八あるが、うち二六四一の集落は近い将来消滅の恐れがあると言われている。こうした集落のコミュニティ機能を支えるサービス提供は、地方自治体の重要な役割のはずだが、市町村合併は自治体からこうした役割を奪っている。

そして、何よりも、市町村合併は、住民の自治を空洞化する。基礎自治体の人口が数十万人以上になると、住民の間で討議を積み上げたり、政策の決定や実行に参加することが困難になる。首長や議会のリコールが成立したり産廃処分場の建設をめぐる住民投票[5]が成功してきたのは、多くは三万人以下の小さな自治体である（もちろん、有権者数が二〇万人を越える徳島市や八万人を越える岩国市のような大きな市でも、住民投票は成功しているが）。また、情報公開や環境保全を進めるユニークな条例[6]を制定しているのも、小さな自治体が多い。住民の自己決定権の行使は、できるだけ生活の場に近い小さな政治的単位で行われるというのが、原則である。財政再建の論理だけを優先して規模拡大を図る市町村合併は、住民の自治を保障する分権と真っ向から対立する。

「三位一体改革」――地方交付税削減

小泉「構造改革」における「地方分権」の意味は、「国に依存しなくても『自立し得る自治体』の確立」ということであった。すなわち、地方交付税に依存することなく自助努力・自己責任に

5　地域の住民が自分たちの生命や生活に関わる重要な事柄を自己決定するために行う直接民主主義的な意思表示の方法の一つ。日本では、アメリカのように制度化されておらず、有権者の五〇分の一以上の署名による直接請求（あるいは首長の提案）を受けて議会が住民投票条例を定めてはじめて実施される。九〇年代には、新潟県巻町で原発建設計画の是非を問う住民投票（九六年八月）で拒否の意思表示がされたことに始まり、主なものだけでも岐阜県御嵩町で産廃処理場の建設の是非（九七年六月）、沖縄県名護市で新しい米軍基地建設の是非（同年一二月）、徳島市で吉野川可動堰の建設の是非（二〇〇〇年一月）をテーマにした住民投票が相次いで行われ、いずれも住

よって財政的に自立できる自治体に脱皮するという意味にすり変えられた。地方交付税の大幅な削減こそが、小泉流「地方分権」の中心柱となった。〇二年度に一九兆五千億円だった地方交付税は、〇六年度には一五兆九千億円にまで削減されてきた（臨時財政対策債を含めると、〇三年度から〇六年度にかけて実質五兆一千億円の削減になった）。

この地方交付税の削減は、補助金の削減と削減分の地方への税源移譲を合わせた「三位一体改革」の一環として行われた。「三位一体改革」は、地方分権をめぐる三つの勢力や潮流が再びぶつかりあい、綱引きを行う過程となった。ここで勝ちを収めたのは、歳出削減（地方交付税の削減）による財政再建をめざした新自由主義の勢力であり、財務省であった。

二〇〇〇年分権改革が「未完」のまま残した課題の一つは、補助金システムを改革して自主財源を拡充し、財政上の自治権を確立することにあった。全国知事会など地方団体は、中央省庁が裁量権を握る補助金（とくに公共事業への補助金）を大幅に削減し、その分を地方に税源として移譲する（国税の所得税から地方税の個人住民税への税源移譲）を要求した。だが、中央省庁は権限を手放すことになる補助金削減に激しく抵抗した。この攻防は四兆円の補助金削減と三兆円の税源移譲でいったん決着したが、補助金削減の内容は多くが義務教育国庫負担金などの負担率の引き下げにとどまり、中央省庁の裁量権は無傷のまま残されることになった。

「三位一体改革」はむしろ、地方交付税の削減を柱にして進行した。それは、地方交付税の財源保障機能をなくすことに狙いを定めてきた。財務省を代弁する財政制度審議会の建議（〇五年

民のノーの意思が明示された。最近では、〇六年三月に岩国市で米空母艦載機移駐の賛否を問う住民投票が行われ、拒否の意思表示がされた。住民投票は法的拘束力を持たないが、国の政策決定にブレーキをかける力を発揮してきた。近年は、市町村合併の是非についての住民投票が増えている。

6　地方自治体は条例の制定という形で自主立法権を有している。大分県湯布院町の「潤いのある町づくり条例」（九〇年）、神奈川県真鶴町の「給水規制条例」（リゾートマンション建設の規制、九〇年）や「まちづくり条例」（九三年）、徳島県木頭村の「ダム建設阻止条例」（九四年）、北海道ニセコ町の「自治基本条例」（〇一年）などが、代表的なものである。

一一月）は、「多くの分野でナショナルミニマムを達成したと考えられる今日において」「国に対する財政的依存によるモラルハザードの弊害を招いている地方交付税についても『財源保障型』の制度を抜本的に見直し……地方公共団体間の財政調整に限定し、それぞれの団体の自己責任と自己努力を基本とする『自立支援型』の制度に切り替え」るべきだと主張している。そして、経済財政諮問会議の「骨太の方針〇六」は、「人口二〇万人以上の市の半分などの目標を定めて、交付税に依存しない不交付団体の増加をめざす」ことを決めた。また、〇七年度からは、人口と面積を基準にして算定される新型交付税が部分的に導入された。新型交付税だと、大都市圏では増えるが九州など地方では減ると試算されている。

地方交付税の削減は、景気回復に伴って地方税収が増えている大都市以外の地方自治体、とくに小さな自治体を直撃した。朝日新聞のアンケート調査では、〇三年度から〇五年度にかけて一人当たりの地方交付税削減額は平均一万二千円だが、一万人以下の自治体では三・三万円、一～五万人の自治体では一・六万円と、小さな自治体ほど大きく減っている。財源不足に追いこまれた自治体は、保育所の統廃合や保育料の引き上げなどサービスの切り下げ、職員の削減を余儀なくされた。

公共サービスの民営化・民間委託

大都市を含めて財政再建＝健全化（歳出削減）を強要された地方自治体が選んだのは、公共サービスの民営化・民間委託であった。というよりも、小泉「構造改革」がこれを奨励し推進したのである。「骨太の方針〇一」は、「生活維新」の重点施策として「保育所待機児童ゼロ」を打ち出したが、その実現のために公立保育所の増設ではなく、「保育所の公設民営化」の推進を提唱した。また、〇二年には、水道事業の民間委託を促進する法改正を行った。そして、地方自治法を改正して〇三年九月から「指定管理者制度」を導入し、保育所、特養ホーム、図書館、市民ホール、公園などの公共施設の管理・運営を、自治体出資の外郭団体だけではなく株式会社やNPOにも委託できるように改めた。これは、公共サービスの民間委託を加速するテコとなった。

〇三年の時点ですでに、事業や施設を外部委託している市町村の割合は、ホームヘルパー派遣九一%、ごみ収集八四%、学校給食四四%、図書館七三%、特養ホーム七〇%になっていた。保育所を全部委託している市町村の割合は六%にすぎなかったが、「指定管理者制度」の導入以降保育所の民間委託は急増している。

民間委託の理由として民間企業の専門的なノウハウの活用が挙げられるが、実際にはコストの切り下げができるというが最大の理由となっている。サービス提供のコストの大部分は人件費であるが、民間委託をしたほうが人件費はずっと低く抑えられる。たとえば民間委託された認可保育所では、勤続年数の短い保育士の比率が高くなっているからである。裏返すと、保育士がたえず入れ替わったり（ひどい所では一年で全員が辞めた）、経験の浅い保育士が多いということである。何のことはない、サービスの質が低下しているのだ。

民間委託の進行と並んで、地方自治体の職場で働く非正規雇用労働者が急増している。同じ仕事をしていながら時給が低くて年収が平均一六八万円（〇五年）にすぎず、雇用も不安定で、社会保険への加入もままならない。その数は、全国の自治体で約四五万人、地方公務員全体の二五％にも達している。これは、事実上の民間委託の進行である。

地方財政健全化法――公共サービスの削減に拍車

公共サービス、とくに地域医療サービスの削減に拍車をかける仕組みとして登場してきているのが、地方財政健全化法である。この法制の構想は、竹中平蔵元総務相の作った「地方分権二一世紀ビジョン懇談会」が「再生型破たん法制」を提言したことから始まったが、〇六年六月に夕張市が巨額の赤字を抱えて財政破たんした「夕張ショック」（財政再建団体への移行は〇七年三月）によって導入が急がれた。法律は〇七年に成立し、〇八年度の決算から適用される。その基本的な狙いは、民間企業と同じく「経営に失敗すれば、自治体も破たんという事態に立ち至る、という危機感を」地方自治体に持たせて、「地方財政の規律の回復」を行わせる（総務省、〇五年六月の報告書）というものである。

地方財政健全化法は、地方自治体の財政の「健全度」を判断する指標として、実質赤字比率、連結実質赤字比率、実質公債費比率、将来負担比率の四つの指標を定めた。そして、四つの指標のうち一つが一定基準以上になれば早期健全化（イエローカード）の段階となり、外部監査を受けながら財政健全化計画の策定が義務づけられる。さらに、三つの指標（将来負担比率を除く）のうち一つが基準をオーバーすれば財政破たんの段階（レッドカード、従来の財政再建団体）と認定され、国の管理下で財政再生計画の策定が義務づけられる。総務省が〇七年末に提示した指標では、市町村の場合はたとえば連結実質赤字であれば一六・五－二〇％以上で早期健全化、三〇％以上で破たん＝再生とされる。

健全化法の最大の特徴は、普通会計を対象とする実質赤字比率だけではなく、連結実質赤字比率や将来負担比率によって公立病院や下水道事業などの公営企業会計、さらに第三セクターを含めた財政全体の「健全度」をチェックすることにある。これによって、病院事業や第三セクターなどの赤字を明るみに出し、市民や住民や議会が財政状態をチェックできるようになる、と言われている。たしかに、これまでのように普通会計だけを対象にしていたのでは、公立病院などの経営悪化が財政指標に反映されない。そのため、夕張市が行ったような観光事業など事業会計の巨額の赤字を隠して、一般会計の決算を黒字に粉飾するような操作をチェックできなかった。

しかし、健全化法は、質の異なるさまざまの公共サービスを一括して一律の経営指標で評価する。しかし、住民の生命に直結する医療サービスを提供する公立病院の赤字と、道路建設と並んでムダが多く利権が生じる下水道事業や観光事業の赤字とを同列に扱うことはできないはずだ。ところが、健全化法は地方自治体を民間企業と同じ「経営体」として扱い、サービスの質を無視して効率化、すなわち財政健全化を最優先する仕組みである。それは、小泉「構造改革」の論理をそのまま受け継いでいる。その標的は、赤字が大きい公共サービスを削減すること、とくに公立病院や診療所の縮小・閉鎖に向けられている。

連結実質赤字比率の指標が適用されると、公立病院を経営する自治体の場合、赤字比率が基準を越えてしまい破たんと認定される自治体が少なくない。公立病院の経営赤字は、人口減少、医師不足による診療科目やベッド数の削減によって患者数が減ったことが大きい原因である。ところが、財政再生団体に転落することを避けようとすれば、夕張市の北にある赤平市の総合病院のように看護師や薬剤師の給与の三割近くのカット、病床の縮小、産婦人科と皮膚科の休止といった歳出削減措置に走りがちである。医師や看護師を確保する予算がないために、救急医療から撤退する公立病院も多い。追い討ちをかけるように、総務省の「公立病院改革ガイドライン」(〇七年一二月)は、不良債務の返済期間を延ばすための特例債の発行と引き換えに、ベッド利用率の低い(過去三年で七〇%以下)病院のベッド数削減や診療所への格下げ、病院の統合・再編、公設民営化の促進などを定めた。

しかし、地域の公的医療サービスの縮小は、住民の生命や健康の維持を危うくし、いっそうの人口流出を加速する。そのことがまた、税収の減少を招き、さらに公共サービスを低下させる、という悪循環が進行する。夕張市は、国の管理下で三五三億円の負債を一八年間かけて返済する財政再建計画を実行するために、職員数を半分以下に減らし公共施設を廃止するなど公共サービスを全国最低の水準にまで落としたが、そこで起こっているのは、まさにこの悪循環なのである。

地方財政健全化法は、四つの指標を適用して自治体に早期健全化や再生の措置をとらせるという点で、国が自治体の予算編成権、つまり自治権を制限する。これに対して、少なくとも早期健全化は最悪の破たんを予防するために自治体の自発的な意思によって行うものだから、国の統制・規制の強化とは言えないという見解もある。しかし、公共サービスを削減してでも財政健全化を最優先するべし、という新自由主義的「改革」を国家が強要するのが健全化法である。

拡大する地域間格差

小泉「構造改革」は、所得格差を急激に拡大しワーキングプアに象徴される貧困を生みだすと同時に、大都市と地方の地域間格差を拡大してきた。一人当たりの県民所得で見ると、東京と地方の格差は、一九九五年から〇三年にかけて軒並み広がってきた（東京を一〇〇とすると、沖縄四九・〇→四七・九、青森五八・三→五〇・六、高知五八・六→五二・四、長崎五五・七→五一・三）。沖縄や青森などの一人当たり県民所得は、東京の半分にすぎなくなっている。一人当たり県民所得の不平等度を表すジニ係数も、〇一年度の〇・〇七から〇四年度の〇・〇八に高まっている。県民所得の格差を反映して、一人当たりの地方税収額も東京と地方の間で大きな格差があり、沖縄や青森のそれは東京の三三％、四〇％にとどまっている（〇四年度）。なかでも法人二税の格差は大きく、東京と長崎や青森の間では六・七倍にもなっている。

こうした地域間格差を生み出している大きな原因の一つは、地方での雇用状況が大都市に比べていちじるしく悪いことである。〇二年初めから〇六年末にかけて、有効求人倍率は東京や愛知では目ざましい回復ぶりを示している（東京〇・七一→一・四七、愛知〇・七九→一・九一）が、対照的に地方では低迷を続けている（沖縄〇・三二→〇・四四、青森〇・三二→〇・四五、高知〇・四三→〇・四五など）。そして、雇用機会の縮小は、公共事業の縮小だけではなく、製造業の生産拠点のアジアへの移転、地方交付税の削減による自治体の職員数の削減、米価の暴落による農業経営の破綻、人口流出による地元商店街の没落といった多くの要因から来ている。そして、雇用状況の悪さは、若者を中心に大都市への人口流出を加速するという悪循環が生じている。

地方分権・地域活性化をめぐる現在の論争

参院選での「地方の反乱」は、地域間格差の是正と地域活性化を焦眉の政治的課題として浮上させることになった。それでは、この課題に対して、地方分権をめぐって争ってきたさまざまの勢力や潮流は、どのように対応しようとしているのだろうか。

新自由主義の立場に立つ分権論は、それぞれの地方が国への依存から脱却し自助努力によって地域の活性化を図るべきだと主張する。たとえば、竹中平蔵は「地方の疲弊は、経済がグローバル化し、また知識集約社会に移行したために、地方の産業・企業が競争力を失ったから」だ、したがって「これを解決するためにこそ、一層の構造改革が必要なのだ」、「何でも国や改革のせいにして多くを国に頼ろうとする一部の人」[7]とたたかうべきだ、と力説する。

7　竹中平蔵「復古政治の跋扈許すな」（「日本経済新聞」〇七年九月一八日）

新自由主義的な分権論は、次のような政策的パッケージを主張している。地域活性化の鍵は、亀山市や北上市をモデルにした積極的な企業誘致による産業再生にあり、それには税制上の優遇や巨額の補助金支出や人材養成支援などの政策が必要になる。そのためには、地方分権と規制緩和をいっそう促進し、地方自治体間でサービス提供の競争を活発にする。その結果として、住民が自分の選好する自治体に移住すること（「足による投票」）は、資源の効率的な配分過程となる。国土の「均衡ある発展」という発想を捨てて、過疎地からの移住も推進する。「地方へのバラマキは借金の山を築き、『均衡ある発展』神話は崩壊した。国にはもう頼れない」[8]。税源移譲を推進し課税自主権を強めるが、地方交付税制度は課税力の不均衡を是正する機能に限定し、財源保障の機能をなくす、と。

この新自由主義的分権論を批判して、所得再分配によって地域間格差を積極的に是正するべきだと主張する潮流は、二つに分かれる。一つは、中央省庁の官僚や自民党内の「族議員」たちの主張である。これは、道路建設など公共事業の復活によって地方への所得再分配を行うべきだというものである。地方交付税の削減には慎重で、道路特定財源の一般財源化に反対し、法人二税の配分の変更を要求する。この潮流はそもそも地方分権に反対する勢力であり、中央官僚のイニシアティブで地域間格差を是正することを目論んでいる。全国知事会など地方六団体の中にも、この潮流に同調する動きがある。

もう一つは、地方分権・住民自治を推進し住民参加による地域の独自の経済発展を試みるが、

8　「日本経済新聞」〇七年十月二九日

そのためには国がユニバーサル・サービスを確保する財源保障の責任を果たす必要がある、と主張する潮流である。これは、市町村合併を拒んで自治権を守ろうとする小さな自治体や「分権的福祉政府」論（たとえば神野直彦、池上岳彦など）[9]に代表される。その政策や主張は、次のようなものである。企業誘致に頼るよりも、地場産業や伝統的な技術を新しい形で再生する、地方都市の古い町なみを観光資源やアート活動に役立てる、中山間地の産物を加工してブランド品として売りだす。中山間地に暮らす人びとが森林や水源を保全する役割を担っていることを正当に評価して所得補償を行い、、地方自治体は移住促進政策ではなく「限界集落」を支える責任を果たす（たとえば京都府綾部市が「水源の里」条例を制定したことは、その重要な試みである）。補助金をなくして地方への税源を進めると同時に、地方交付税の税収格差是正と財源保障の機能を維持する。交付税の配分については国と地方の対等の協議によって決定する。私はこの立場に立つ。

住民自治を封じこめる分権化——道州制

地域間格差の是正と地域活性化という課題に直面する中で、さまざまの勢力や潮流が複雑に交錯し、地方分権の先行きは不透明になりつつある。しかし、その中で最も有力な潮流は、新自由主義的な分権論であろう。その分権構想の二大柱が、地方交付税の財源保障機能の廃止と道州制の導入である。この二つが、地方分権をめぐる議論の大きな争点になってくるだろう。

最初に見た自民党「新憲法草案」の「地方自治」の条項は、前者についてはあいまいな文言（「地

9 池上岳彦『分権化と地方財政』（二〇〇四年、岩波書店）

方自治体の財政及び国の財政措置」）にとどまっているが、道州制の導入については明確である（「地方自治体の種類」）。道州制の導入は、日本経団連の「奥田ビジョン」[10]（〇三年）が五～一〇の州と三〇〇自治体のプランを提案し、地方制度調査会が〇六年二月に九・一一・一三の道州制の導入を答申した。さらに、日本経団連の「御手洗ビジョン」[11]（〇七年）も二〇一五年までの道州制導入を提言し、経済財政諮問会議の「骨太の方針〇七」は「道州制ビジョン」の策定を決定した。安倍政権の下で新設された道州制担当大臣（現在は増田総務相が兼任）の私的懇談会・道州制ビジョン懇談会は、道州制基本法案を二〇一一年の国会に提出し一八年までに道州制移行をめざすと提唱した中間報告を〇八年三月に発表した。中央省庁の抵抗が激しいこともあり、道州制への移行が簡単に実現するとは思われないが、道州制の導入という点では自民党と民主党は一致している。

道州制構想は、公共事業など「内政」の主要な分野に関する権限を国から道州に移すというものである。だが、それによって「国家の機能を強化」（地方制度調査会答申）するという「役割分担」論に立っているから、安全保障の分野（米軍基地の機能強化など）に関する道州の発言権や拒否権は、あらかじめ排除されている。道州制は、市町村合併の進行への対応策として出されてきたのである。市町村合併は、府県の機能を担うような大きな都市（政令市、中核市）を次々に誕生させ、都道府県の役割を形骸化させてきた。そこで、市町村合併に対応して府県を合併させ、知事の有する巨大な権限をより大きな政治的単位（平均規模一千万人）に吸い上げてしまう。分権の装いを取りながら、住民自治の立場から見れば集権化にすぎない。道州制は、中央省庁とその出先機

10　日本経団連（奥田碩会長）の提言『活力と魅力溢れる日本をめざして——日本経団連新ビジョン』（〇三年）のこと。

11　日本経団連（御手洗冨士夫会長）の提言『希望の国、日本——ビジョン二〇〇七』（〇七年）のこと。

関の権限を地方政府に移すという点では分権化であるが、重要な政治的決定権を住民の生活に近い単位に移すという分権の論理に反し、住民自治を封じこめる。

さらに、道州制の導入は、地域間格差の是正にまったく役立たない。「ただ自治体の規模が拡大しても地域間の財政格差が縮まるわけではない[12]」。財源保障機能の廃止という地方交付税制度の改悪と道州制の導入が結びつけば、地域間格差は固定化されることになりかねない。道州制構想に代わる地方分権と住民自治の新しい構想が、私たちに求められる。

12 「道州制で生活どう変わる」(『日本経済新聞』二〇〇六年三月二二日)

〈参考文献〉

・白川真澄『格差社会を撃つ――ネオリベにさよならを』(二〇〇八年、インパクト出版会)
・白川真澄『脱国家の政治学――市民的公共性と自治連邦制の構想』(一九九七年、社会評論社)

第３章

「有事法制」「国民保護法制」と地方自治・住民の権利

清水　雅彦

しみず　まさひこ
明治大学講師などを経て、2008年から札幌学院大学法学部教授（憲法学）。研究テーマは、平和主義、監視社会論。

はじめに

二〇〇三年に「武力攻撃事態法」など有事三法[1]が制定され、翌二〇〇四年には「国民保護法」など有事関連七法[2]が制定された（他に関連三条約等の締結[3]）。日本は憲法九条の下で戦争の放棄と軍隊の不保持を掲げて戦後再出発をしたにもかかわらず、一九五〇年代以降は再軍備と日米安保体制構築で逆行を始め、一九九〇年代以降は自衛隊の海外派兵を実現し（「湾岸戦争」後の掃海艇派遣や自衛隊のPKO派兵）、二〇〇〇年代にはとうとうアメリカの戦争に自衛隊が協力するまでにいたる（アフガン・イラクで展開する米軍等への兵站支援）。このような一連の憲法九条形骸化の中で「有事法制」が整備された。

この「有事法制」については、小泉首相の「備えあれば憂いなし」というスローガンの下、日本が攻められた場合の必要な法制との宣伝がなされた。しかし、実際には一九九四年の朝鮮核開発疑惑の際にアメリカから朝鮮攻撃の際の具体的な一〇五九項目の兵站支援を求められながら、「有事法制」がないために実効的な支援ができなかった日本側の事情とアメリカの要求も受け、「備えあれば嬉しいな」という発想から制定されたのである。

戦後のアメリカにしろ日本にしろ、資本主義経済の維持・発展が至上命題であり、アメリカは軍事力を担保に展開してきた。とりわけ「米ソ冷戦」の終結後はよりグローバルな形で市場（資源、労働力、商品）の拡大が求められ、アメリカの世界戦略に反旗を翻す国家や「テロ」行為を軍事力で押さえつけてきた。このようなアメリカの世界戦略に対して、日本は単に対米従属的にアメリカ

1　武力攻撃事態等における我が国の平和と独立並びに国及び国民の安全の確保に関する法律（「武力攻撃事態法」）、安全保障会議設置法の一部を改正する法律、自衛隊法及び防衛庁の職員の給与等に関する法律の一部を改正する法律。

2　武力攻撃事態等における国民の保護のための措置に関する法律（「国民保護法」）、武力攻撃事態等におけるアメリカ合衆国の軍隊の行動に伴い我が国が実施する措置に関する法律（「米軍支援法」）、武力攻撃事態等における特定公共施設等の利用に関する法律（「特定公共施設等利用法」）、武力攻撃事態における外国軍用品等の海上輸送の規制に関する法律（「外国軍用品等海上輸送規制法」）、自衛隊法の一部を

に従うのみならず、日本の「権益」保護・拡大のためにも対米支援を展開してきた。そういう中で、一連の「有事法制」は、日本が戦場となる総力戦ではなく、アメリカがグローバルな形で軍事展開する際に、単に自衛隊のみならず自治体・民間人をも強制的に戦争動員（主に兵站支援）するために制定されたのである。

それでは以下本稿で、このように制定された「有事法制」「国民保護法制」と地方自治・住民の権利との問題点を改憲論の流れの中で検討したいと思う。

一 「有事法制」「国民保護法制」の内容

1 「国民保護法」の全体像

では、最初に「国民保護法」の全体像を簡単に見てみる。「国民保護法」は全一九四条（さらに附則一七条）から成る膨大な法律である。この法律は、「武力攻撃事態等」に「武力攻撃から国民の生命、身体及び財産を保護し」「武力攻撃の国民生活及び国民経済に及ぼす影響が最小となるようにする」（一条）という目的で制定された。

第一章の「総則」では、有事における規定として、国・地方公共団体等の責務（方針策定、必要な措置の実施、支援等）、国民の協力（国民の自発的意志にゆだね、国等はボランティア等支援する）、人権の尊重（制限する時は、平等原則、思想・良心の自由、表現の自由は不可侵。すなわち、移動の自由、営業の自由、財産権、生存権は侵害してもいいという発想がある）、国・自治体等の国民保護措置（警報、

改正する法律、武力攻撃事態における捕虜等の取扱いに関する法律（「捕虜等取扱法」）、国際人道法の重大な違反行為の処罰に関する法律（「国際人道法違反行為処罰法」）。

3　日本国の自衛隊とアメリカ合衆国軍隊との間における後方支援、物品又は役務の相互の提供に関する日本国政府とアメリカ合衆国政府との間の協定を改正する協定（「ACSA 改正協定」）、一九四九年八月一二日のジュネーヴ諸条約の国際的な武力紛争の犠牲者の保護に関する追加議定書（議定書Ⅰ）、一九四九年八月一二日のジュネーヴ諸条約の非国際的な武力紛争の犠牲者の保護に関する追加議定書（議定書Ⅱ）。

避難、救援、災害対処、派遣要請等）、国・自治体の実施体制（対策本部の設置、防衛庁職員の会議出席等）を規定し、平時における規定として、基本指針（国の基本指針、自治体等の国民保護計画等）、自治体の国民保護協議会（施策の推進、委員について）、国による訓練・啓発を規定している。

第二章から第七章までは各種措置の規定である。ここでは、①住民の避難に関する措置として警報の発令（対策本部長の発令、放送事業者の放送等）と避難（避難の指示、住民の誘導・輸送等）、②避難住民等の救援に関する措置として救援（指示・実施、物資の収用、土地等の使用、立入検査、是正措置等）、③武力攻撃災害への対処に関する措置として生活関連等施設の安全確保（安全確保、警備、立入制限等）と危険物資等・原子炉等・放射性物資等の災害発生防止・汚染対処、応急措置（指示、退避、土地等の収用、警戒区域の設定等）、④国民生活の安定に関する措置として国民生活の安定（生活関連物資等の価格の安定等）と生活基盤の確保（電気・ガス・水の供給、運送・通信・郵便等・医療の確保）、⑤復旧・備蓄その他の措置として物資等の備蓄・避難施設の指定・応急の復旧等、⑥財政上の措置として損失補償・損害補償、費用の負担等を定めている。

また、「武力攻撃事態法」では想定していなかった新たな規定として、第八章は「緊急対処事態」に対応するための措置を定め、「武力攻撃の手段に準ずる手段を用いて多数の人を殺傷する行為が発生した事態又は当該行為が発生する明白な危険が切迫していると認められるに至った事態」にも準用するとした。この規定により、「武力攻撃事態」のみならず「テロ」などにも対処する法制となった。

そして、第一〇章は罰則規定である。この中の、通行の禁止違反等・立入制限違反等に対する禁止・退去命令の規定は、戦争遂行円滑化のために基地・道路・港湾・空港などの確保と戦闘の邪魔者を排除するための担保規定といえる。また、土地等の検査拒否等・物資の保管命令違反等の規定は、円滑な兵站支援実現のための担保規定といえる。

さらに、附則の中で地方自治法を改正して、自治体の事務を第一号法定受託事務（自治体の事務のうち、本来国の事務であるのに自治体に委託しているもの）にした。

2 「国民保護基本指針」の内容

「有事法制」の整備を受けて、二〇〇五年三月に政府は「国民保護基本指針」を閣議決定した。ここでは具体的に「有事」の定義を行っている。

まず、「武力攻撃事態」としては、着上陸侵攻、ゲリラや特殊部隊による攻撃、弾道ミサイル攻撃、航空攻撃といった日本が攻められた場合を想定している。また、「緊急対処事態」としては、危険物質内在施設（原発、コンビナート等）に対する攻撃、多数者集合施設・機関（施設、駅等）への攻撃、多数者殺傷物質（炭疽菌、サリン等）による攻撃、交通機関（航空機等）を用いた攻撃といった「テロ攻撃」などの場合を想定している。

3 「有事法制」「国民保護法制」と自治体

この「武力攻撃事態」「緊急対処事態」に際して、「武力攻撃事態法」や「国民保護法」に基づいて政府が必要な措置を実施することになる。「有事法制」が想定している戦争は「日本有事」というよりは、「アメリカ有事」に際しての日本による米軍への兵站支援である。現代の戦争はいかに兵站支援を構築するかが大事であり、自衛隊の協力だけでは不十分で、自治体が管理する道路や港湾・空港も使う必要が出てくる。もし、この際に自治体の協力が得られなければ必要な体制が構築できないので、それに対処した規定がある。

まず、「武力攻撃事態法」では当該地域で必要な措置の実施を自治体の責務とし（五条）、国の方針に基づき役割分担することを規定している（七条）。こう規定したのは、防衛問題は国の仕事であり自治体は国の方針に従って対処すればよいという発想と、戦争遂行には中央集権国家体制が最も適合的との発想から、一九九九年の「周辺事態法」における「国以外の者」の「協力」規定では不十分であるため、「責務」規定に変えたのである。そして、これを担保するために、「武力攻撃事態法」には「対策本部長」に総合調整権を与え（一四条）、内閣総理大臣には指示権・代執行権・直接執行権を与えた（一五条）。

また、既に一九九九年の地方分権一括法の中の地方自治法改正で、各大臣による自治体の自治事務・法定受託事務に対する助言・勧告、資料提出要求、是正要求・指示規定などを置き（二四五条の四〜二四五条の七）、法定受託事務に対する代執行権も盛り込んでいる（二四五条の八）。ということは、「国民保護法」で法定受託事務となった自治体の事務には、代執行権の行使もありうるということなのである。

二　「有事法制」「国民保護法制」の問題点

1　日本も「普通の国」へ？

「有事法制」「国民保護法制」の個別の問題を検討する前に、最近の諸法・法案・行為との関係からまず昨今の流れをどのように位置づけるべきかを検討したい。

一九八〇年代末以降のソ連・東欧の崩壊、米ソ冷戦の終結後、日本では「普通の国」論が台頭してくる。これまでの日本は先進国の一員として経済大国になったが、憲法九条の縛りやアジア諸国の反発と日本の民衆の平和意識により、必ずしも十分な軍事大国とはいえない「普通ではない国」であったからだ。ここでいう「普通の国」とは欧米諸国のような正式に軍隊を保持し活動する国のことである。

このような動向の根底には、一九八〇年代以降の世界規模での市場原理の徹底と自由競争の激化、「北」の国による「南」の国の収奪など新自由主義とグローバリズムがある。資本の活動が国境を越えて激しさを増す中で、とりわけアメリカは新たな資源・労働・商品市場を開拓・拡大するために、あるいはこのような「北」による支配に反発する勢力を軍事力で押さえつけるために世界規模の展開を行ってきた（レーガン政権のＬＩＣ戦略[4]、クリントン政権の「ならず者国家」論[5]、ブッシュ・ジュニア政権の「悪の枢軸」論[6]など）。そして、アメリカ一国の取組には限界がある

4　Low Intensity Conflict の略。日本語では「低強烈度紛争」とでも訳せるが、米ソ間の核兵器をも用いた戦略とは対称的に、特定の反米政権、ゲリラなどを対象とした戦略。

5　rouge state の訳で、アメリカが敵視する国家をこのように表現した。特に、朝鮮、アフガニスタン、イラン、イラク、リビアに対して用いた。

6　axis of evil の訳で、アメリカが敵視する朝鮮、イラン、イラクを指して用いた。

ため、日本への要求も拡大してきたのである。

以上のような中でアメリカの要求に応えるべく、また、日本の支配層自身の欲求から、特に一九九〇年代以降着々と必要な法整備をしつつ、軍事大国・「普通の国」になることを追求してきた。具体的には、米軍支援のための「周辺事態法」「テロ特措法」「イラク特措法」「有事法制」の制定、度重なる自衛隊法改正による自衛隊の活動範囲拡大、安全保障会議設置法改正・「武力攻撃事態法」制定による危機管理法制の整備である。

2 「有事法制」「国民保護法制」と住民の権利

では具体的に、「有事法制」「国民保護法制」には、地域住民などにとって、憲法の人権規定との関係でどのような問題があるのであろうか。

まず、「有事」には軍事優先となるため、軍事公共性を認めていない平和主義原理の下では個人の尊重規定（一三条）と法の下の平等規定（一四条）に抵触する。戦争協力をしたくない者を戦争に動員すれば、苦役からの自由（一八条）に反する。「有事」の際に、防衛秘密が拡大し報道規制や集会・デモ規制が行われれば表現の自由・知る権利（二一条）を、強制的な住民避難や交通規制が行われれば居住・移転の自由（二二条）を、民間企業が一方的に指定公共機関・指定地方公共機関にされれば営業の自由（二二条）を侵害することになる。また、「有事」に福祉が削減されれば生存権（二五条）に、国による啓発が思想注入になれば教育を受ける権利（二六条）に、徴用が行われれば勤労の権利（二七条）に、労働争議が規制されれば労働基本権（二八条）に違反することになる。そして、物資の保管・収用等（徴発）は財産権（二九条）に抵触する。さらに、一方的に指定公共機関・指定地方公共機関を指定すれば、適正手続の保障（三一条）にも抵触することになる。

3　「有事法制」「国民保護法制」と自治体

次に、「有事法制」「国民保護法制」と自治体との関係である。既に見たように、「武力攻撃事態法」「国民保護法」には自治体の事務に対して政府が代執行権を行使してまで実行させる規定がある。これは、例えば、かつてベトナム戦争に反対して一九七二年に横浜市が米軍車両の市道通行を拒んだり、一九七五年以降神戸市が非核証明書の提出のない艦船の入港を認めていなかったり、一九九五年に沖縄県知事が米軍用地収用のための代理署名をしなかったことがあったが、このような自治体の「抵抗」を封じるためにある。

しかし、これら自治体は日本国憲法で初めて保障された地方自治（第八章）の立場から、憲法の平和主義を地域で実践しているのである。そもそも憲法の平和主義に反する「有事法制」を制定し、政府が自治体の自治行為を踏みにじることは、二重の憲法違反といえる。

4　平時から軍事モードへ

「国民保護法」は「有事法制」の一つなので、「有事」に発動される法律との誤解があるかもしれない。しかし、この法律により平時から「国民保護体制」が構築される。

まず、国は平時から「基本指針」を策定し（三二条）、これに従って自治体は「国民の保護に関する計画」等を策定するが、この際、都道府県知事は内閣総理大臣と、市町村長は知事と「協議」しなければならない（三四条等）。また、自治体には平時から諮問・審議機関としての「国民保護協議会」が設置され、この委員には自衛官や「国民の保護のための措置に関し知識又は経験を有する者」（すなわち、OB自衛官が入りうる）も任命され、「協議会」には「指定地方行政機関の職員」や「知識又は経験を有する者」（すなわち、地方防衛局職員のほか、現職・OB自衛官も入りうる）などから構成される「専門委員」が設置される（三七条等）。すなわち、平時から国主導で、また、自治体に自衛官が入り込むことで、「有事」に「備え」る体制を構築していくのである。

そして、平時から指定行政機関の長等による「国民の保護」のための「訓練」を行い（四二条）、政府は「国民の保護」のための「重要性について国民の理解を深めるため」の「啓発」を行う（四三条）。実際には、「武力攻撃災害」という表現をしているように、災害対策基本法の下で組織されている全国の「自主防災組織」などによる「自発的な活動」（四条）が活用される。自然災害と最大の人災である戦争の違いを無視して、平時から「武力攻撃災害」に備えた「自発的活動」による「訓練」が行われることにより、地域住民は「備え」への参加と忠誠が試され、「協力者」と「非協力者」との選別、「非協力者」への監視が進む。戦争の円滑化と兵站支援にとって最低限必要な部分は罰則規定による担保で確保し、国民全体に対しては、戦争への協力を義務にしなくても日常から地域社会で半ば強制していくという巧妙な仕掛けがあるのである。

したがって、この「国民保護法」は「有事」（実際には、アメリカの戦争）に備えて、平時から国主導と地域での「自発的な活動」という上からと下からとの働きかけにより、「国民動員・統制体制」を構築していくことになる。さらに、「緊急対処事態」規定の挿入は、「平時の軍事化」「軍事の平時化」を助長することになるのである。

三　国内治安政策との関係

1　生活安全警察による「安全・安心まちづくり」の推進

ところで、戦後の日本の警察は警備・公安部門偏重で活動してきたが、警察庁に「市民生活の安全と平穏」確保に力点を置く生活安全局が一九九四年に設置されてからは、生活安全警察の活動が大きく展開されるようになる。この生活安全警察が重点的に取り組んでいるのが、昨今の「治安の悪化」「体感治安の悪化」に対応した「安全・安心まちづくり」である。これには、道路、公園、駐車・駐輪場、共同住宅等における見通しの確保と「防犯カメラ」（監視カメラ）等防犯設備の整備を求める「犯罪防止に配慮した環境設計活動（ハード面の施策）の推進」と、地域の安全確保のために警察が積極的に地域社会に入り込み、自治体や住民・ボランティア団体等と協力しながら事件・事故の発生前から警察活動を行おうという「地域安全活動（ソフト面の施策）の推進」

の二つがある。

このような「安全・安心まちづくり」を展開する上で活用されているのが「生活安全条例」（「防犯推進条例」「安全・安心まちづくり条例」など名称は様々）である。自治体により条例のタイプには様々な類型があるが、必ず規定されているのが警察・自治体・地域住民が一体となって防犯活動を行う「地域安全活動」実現のための規定である。

2 「国民保護体制」と「安全・安心まちづくり」

以上のような外に向かっての軍事大国化と内に向かっての治安強化については、両者が連動する部分もある。それが自治体における「国民保護基本計画」に基づく「国民保護体制」作りと、「安全・安心まちづくり」に基づく「防犯体制」作りである。

「安全・安心まちづくり」を進めるために、「生活安全条例」などにより自治体・住民・事業者等の安全確保のための責務を明確にし、地域で自治体・住民・警察が連携して防犯活動に取り組んでいる。本来、治安活動は専門的な知識・技術と武器・権限を有する警察が行うものであったのに、地域住民などが「自発的に」（実際には、警察主導により警察の手足の代わりとして）担っているのである。このような中で、条例制定や警察主導による施策の推進などにより、自治体が警察に支配され、治安強化が進む一方、日常から住民によって「不審者」「異端者」の監視を行っていくことになる。

この「安全・安心まちづくり」と「国民保護体制」とには、人的・思想的な共通性が見られる。地域における有事の際の「国民保護体制」にしろ、「防犯体制」にしろ、それぞれの担い手は既存の町内会・自治会が中心となる。平時においては「不審者」「異端者」を市民相互の取組で監視・排除するというシステムが、いざ有事になると「敵国人」「非国民」を監視・排除していくというシステムに、平時における「自分のまちは自分で守る」が有事の際には「自分のくには自分で守る」に転化するわけである。どちらも「安全」をキーワードに、実際には国（警察・自衛隊）を頂点にした「官製草の根」的な防犯・防衛体制作りであり、「安全」のために市民の権利・自由の侵害もいとわない取組である。

四　憲法を変えるのか、憲法が変えるのか

1　連動する改憲論

「有事法制」「国民保護法制」制定の動きは、昨今の改憲論と連動する部分もある。例えば、読売新聞社の一九九四年の改憲案で現行九条を否定して「自衛のための組織」を保持するとし、日本は「確立された国際的機構の活動に、積極的に協力する」とした。これが二〇〇〇年の同社改憲案で「自衛のための組織」を「自衛のための軍隊」に置き換え、国民の自由及び権利については、「国民は、常に相互に自由及び権利を尊重し、国の安全や公の秩序、国民の健全な生活環境その他の公共の利益との調和を図り、これを濫用してはならない」とする。そして、地方自治の規定

について も、「地方自治体は、国と協力して、住民の福祉の増進に努めなければならない」とした。

また、自民党が二〇〇五年一〇月に発表した「新憲法草案」では、新たに「自衛軍」を保持するとし、この「自衛軍」は「我が国の平和と独立並びに国及び国民の安全」のためだけでなく、「国際社会の平和と安全を確保するために国際的に協調して行われる活動及び緊急事態における公の秩序を維持し、又は国民の生命若しくは自由を守るための活動」も行うとした。これにより、日本の防衛だけでなく、アメリカの戦争支援や国内治安にも「自衛軍」が出動することになり、日本の軍事大国化がより積極的に進むことになる。この草案では、「公共の福祉」に関しても「自由及び権利には責任及び義務が伴うことを自覚しつつ、常に公益及び公の秩序に反しないように自由を享受し、権利を行使する責務を負う」とした。この「公益及び公の秩序」という文言は抽象的であるが、「新憲法草案」の基になる改憲案では、「現行の『公共の福祉』の概念は曖昧である。個人の権利を相互に調整する概念として、または国家の安全と社会秩序を維持する概念として明確に記述すべきである」としている。また、地方自治の規定では、「国及び地方自治体は、地方自治の本旨に基づき、適切な役割分担を踏まえて、相互に協力しなければならない」とした。

すなわち、読売新聞社案にしろ自民党案にしろ、軍隊保持をうたうと同時に、従来の人権観念の転換がセットになっていることに注意が必要である。これら改憲案は、「人権相互の調整原理」と捉えられてきた「公共の福祉」概念を転換し、新たに「公共の利益」「公益及び公の秩序」により権利制限を行うというものである。この概念の裏には、「国家の安全」や「社会秩序の維持」

の名で防衛・治安政策を遂行するために、人権を制限するという意図も隠されている。そして、地方自治も全く踏みにじられることになる。

2 憲法の観点から考える

先に軍事との関係で「普通の国」論に触れた。憲法との関係でいえば、「普通の国」には戦争や内乱など非常事態に際して、国家の存立を守るために憲法を一時的に停止する国家緊急権を規定する国もある。すなわち、そのような「普通の国」では「国民の人権を保障する。但し、非常時を除き」という発想があるのである。確かに、日本でも大日本帝国憲法は戒厳大権（一四条）や非常大権（三一条）の規定を置いていたが、日本国憲法にはこのような規定は全くなく、平和主義を基本原理としている。したがって、日本国憲法上日本では国家緊急権が認められないと考えるべきである。

これに対して、「有事法制」「国民保護法制」は国家緊急権発動の先取りとの解釈もあろうが、憲法改正により憲法で国家緊急権を認めていない以上、国の最高法規である憲法の観点からそのような法律が違憲と考えるべきであり（憲法九八条）、違憲立法は無効にすべきである（憲法八一条）。地域においても、地方公務員は憲法に従って（憲法九九条）、違憲立法や違憲の政府行為には不服従で対抗すべきである。

今の日米の戦略は軍事力を担保にした新自由主義とグローバリズムの展開である。その反発として「テロ」も生じている。であれば、そもそもこのような戦略を問い直すことが必要であろう。その際、一つの指標となるのが日本国憲法だ。まずは憲法九条の戦争放棄規定から日本がアメリカへの戦争協力を即刻やめるべきである。さらに、憲法前文第二段の構造的暴力の解消を目指す積極的平和主義の規定（国際社会から専制・隷従・圧迫・偏狭・恐怖・欠乏を除去しようとうたう規定）を具体化し、「テロ」の温床となっている世界の貧困問題にも対処すべきである。このような形で軍事力を担保にしたグローバリズムを問い直し、これを根本から変えていくことこそが本当の平和政策であろう。

〈関連する主な拙著〉
・『戦争する国へ　有事法制のシナリオ』（共著、旬報社、二〇〇二年）
・「有事関連法案の問題点」（共著、『法学セミナー』二〇〇四年七月号）
・『生活安全条例とは何か』（共著、現代人文社、二〇〇五年）
・「特集　自民党「新憲法草案」総力批判」（共著、『法と民主主義』二〇〇五年一二月号）
・『治安政策としての「安全・安心まちづくり」』（単著、社会評論社、二〇〇七年）

第4章

小・中学校は教育福祉の根幹
——対人関係力・公共性(自治の力)を育む地域の学校として

池田 祥子

いけだ さちこ
1943年小倉生まれ。宝仙学園短大に勤務。主要な研究テーマは、保育・教育制度論、ジェンダー関係論。

はじめに

朝日新聞の「窓」欄に、「小中学校区を福祉の拠点に」というタイトルの記事が掲載されていた(梶本章、二〇〇七年一〇月一九日)。そして、次のような一節が目に留まった。

「小学校や中学校の校区は、お互いの顔が見える単位だ。ここを拠点に住民がもっと公的サービスにかかわりをもつようになれば、確かに福祉は変わるに違いない。」

言われる通り、日本の小・中学校は義務教育としてほとんどが市区町村立の「公立」学校であり、否応なしにそれらは地域の要となり、これまでの地域づくりに果たした役割は大きいだろう。

しかし、日本の小・中の公立学校はよくよく見れば、全国に均質な公教育を普遍化するために明治以来制度化されたものであり、定められた「校区」も中央行政によって形式的に線引きされたものだった。だから、その運営も極めて杓子定規で融通の利かないものであったことはよく知られている。教員も、近年は「公務員」という側面が強調されることが多く、数年毎の人事異動で勤務校を変わり、一つの学校や地域に定着することはない。学校の設立は市区町村でありながら、教員人事権は都道府県の教育委員会にあり、教員も学校も基本的には「地域」に目を向けてはいなかったからである。

だから、「いじめ」や「学級崩壊」の深刻な実態が報道されるようになり、「学力低下」の警鐘までもが重なるや、一部の市区町村は、これまでの「校区」の硬直した運営責任は棚上げしたまま、「学校選択の自由」という校区の柔軟化政策を打ち出し実施し始めてもいる。もちろん、「校区」の柔軟化は必要だろう。子どもの様態によって、また地形によっても、「校区」の境界は厳格でなくてもいい。しかし、現在進められようとしている「学校選択の自由」とは、学校に赤裸々な市場原理と競争を持ち込み、それらをさらに強めようとするものである。なぜなら、学校を選択する基準が、結局は「わが子の学力が高くなるかどうか」に収斂するしかないからである。

先の「窓」欄には、もう少し、次のような文章が続いている。

「地域の助け合いがあれば、引きこもりや家庭内暴力、高齢者の徘徊、孤独死など、公的サービスでは十分に手当てできない問題にも、もっと対応できるはずだ。」

共感できるもっともな提言である。このように、各家庭を支え、高齢者や障害者の福祉を担う地域の重要性が高まっている時に、その地域を育てる一つの核として、小・中学校の役割はきわめて大きいのではないだろうか。にもかかわらず、なぜ小・中学校が「地域」を育てる役割を担えないのか、あるいは逆に「地域」に開かれ、「地域」に支えられるものになっていかないのか。それは、やはり、小・中学校をすべての子どもたちの教育・福祉の場と捉え、それを保障するのは社会・国家の義務である、という観点が、これまであまりにも軽視されてきたからではないだろうか。しかも、現実は甚だしく逆行している。

一　「地域・コミュニティ」の課題

日本では、明治新政府以来、かつての「藩」は府県に変えられ、府県・市町村は中央に直結する上意下達の官僚・行政システムとして位置づけられてきた。戦後はアメリカによって「地方自治」の理念やその制度化が進められたが、しかし、依然、実態はつい最近までほとんど変わりえなかった、と言っていいだろう。小学校や中学校の校区もまた、イギリスやアメリカのような（もちろん完全なモデルにすることはできないが）実態的な「地域・コミュニティ」を根拠にしてつくりあげられたものではなく、まさに文部省による上からの形式的・権力的な制度化であった。したがって、戦後、地方自治や「教育の中立性」などの近代的な理念に伴って、「教権独立」「教育税」などとともに要ともなる「公選制教育委員会」制度[1]が束の間施行されたが、それもまた程なく官僚的なものに改定されてしまった。

しかし、世界的には一九八〇年代からの新自由主義政策やグローバリズムの動きが、日本ではやや遅く、一九九〇年代も後半からいよいよ着手され、さらに二一世紀を迎えて加速化された。ただし、日本での新自由主義政策あるいはグローバリズムの掛け声は、経済成長の鈍化や停滞、国家財政の破綻を前にした緊急避難的な様相を帯び、国の経済競争力の保持が最大課題であり、地方分権や福祉の改革が決して「本気」ではないことが透けて見える。なぜなら、地方分権も「地域福祉」もその背景に「国の福祉予算の削減」という至上命題が据えられているため、一九九五年地方分権推進法、一九九九年地方分権一括法によって進められている地方分権の動きも、税制度の抜本的な改革や中央による地方格差の是正策が不十分なまま、地方自治を支える財政基盤はなお脆弱である。

1　一九四八年公布の教育委員会法はアメリカをモデルとする「公選制教育委員会」であったが、一九五六年公布の地方教育行政法は、「任命制教育委員会」に変えた。

また、社会福祉構造改革（一九九八年）によって、高齢者介護、障害者自立支援など福祉サービス提供の主体が「市区町村」に移行し、さまざまな規制緩和もなされているが、財政の保障がないままの丸投げでは、市区町村もその福祉業務を担いきれず、何よりも当事者たちの福祉そのものが大きく後退させられている。

とはいえ（だからこそ、とも言えるが）、統治単位としての市区町村が今後、いっそう福祉主体として重要になることは明らかであろうし、その枠内でいくつかの「地域・コミュニティ」が活性化し重層化し、必要に応じて連携しあうことが期待されている。（町村合併がなされればなおさらである。）

もちろん、その期待される「地域・コミュニティ」は、かつてのような、住民すべてに均一化を強いるような「息詰まる」閉鎖的な共同体ではあってはならないだろう。ただ、わたしたちはその先に、それに代わる「地域・コミュニティ」を創造しなければならないが、残念ながら、いまは「地域・コミュニティの不在」という時代的な課題を抱えている。

他方、わたしたちはいま、グローバルな時代に、地域の空間を気軽に飛び越えて、さまざまな広がりを持つネットワーキングや「テーマ・コミュニティ」[2]を創りだしている。そうだとすると、もはや「ローカル・コミュニティ」[3]は過去の遺物として不用になってしまうのだろうか。

それはやはり否であろう。わたしたちが身体とともに生きる生きものである限り、「遠い親戚より近くの他人」の諺はいまも真実である。価値観や抽象的な交流は、もちろんＩＴ時代であ

2　金子郁容他『コミュニティ・スクール構想』岩波書店、二〇〇〇年

3　同書

ればこそ、一瞬にして地球大に拡がりうるが、しかし、生老病死を抱えた生活次元では、わたしたちは、いまも、またこれからも、日常的に行き来のできる「地域・コミュニティ」＝「ローカル・コミュニティ」を必要としている。だからこそ、わたしのためにも、わたし以外の人のためにも、個々人の自由を尊重しながらかつ社会性・公共性を維持する「地域・コミュニティ」をいかにして創り出すのか、それが依然としてわたしたちの大きな課題である。

二　近代公教育の一面的な「選抜」原理——小・中学校（義務教育）とは何か

「学校」を意味するSCHOOLは、元は「スコーレ」という源語であり、「暇・閑」という意味であるという。学校の起こりを遡れば、西欧、日本のいずれでも、日々の労働を奴隷に担わせることのできた一部の支配階級のためのアカデミアであり、ウニベルシタスであり、「国学・大学」であった。まさに有閑階級のための統治や特権のための、教養という知的権力のための学校であったことになる。

これに対して、一般庶民のための自生的な学校は、日本では江戸時代の寺子屋がその最初であろう。西欧では、キリスト教の普及のために教会学校が設けられ、それはやがて世界各地に広められていった。

こうして、学校の体系としては、支配階級・エリート層のための学校と、庶民のための学校と、大きく二つの流れに区分することができる。

しかし、近代国民国家の下での国民教育制度は、それ以前のいずれにしても「私的」な教育システムを、初めて「公的」なものとして、それゆえに「近代公教育」として「国家主導」で制度化されたものである。この時、以上の二つの学校の流れは、「上＝エリート」のために「下＝庶民」からの教育がドッキングされ、結局、エリート教育のための国民の「吸い上げ」装置として統合化された。とりわけ、日本の戦後の教育改革では、戦前のなお残存していた男女差別・経済差別の顕著な複線型学校体系が、アメリカに倣って、「六・三・三・四制」の単線型学校体系に変えられている。すべての人間が（家庭の経済力をとりあえず除外して）「能力」さえあれば、高等教育（大学）にまで進める可能性があるとされたのである。

しかし、この「民主的」と一部で評価される単線型学校体系は、考えてみれば、戦前から機能していた「裾野の広い人材選抜装置」を、より開放的に徹底化したものであることは言うまでもない。

戦前は、納税、兵役と並ぶ、国家のための国民の義務とされていた義務教育が、言葉はそのまま、戦後は「子どもの権利」とされ、結局「親の義務」が明記されるに止まり、「社会・国家の義務」は不明瞭のまま、その内実は詰められていない。

エリート養成のための、あるいは専門家養成のための高等教育は、厳格な資格が要求され、それゆえに厳しくかつ公平な選抜試験を必要とするかもしれない。そこでの教育の原理が、「選別・選抜」あるいは「競争・淘汰」に置かれるのも一理あることではある。

しかし、なぜ小・中学校の義務教育にまで、「選抜」の原理が貫徹されなければならないのだろうか。それは、戦後の現在においてなお、義務教育が子どもの育ちに対する社会・国家の「義務」教育として、明確に位置づけられていないためであろう。すでに述べたように、これまでの小・中の義務教育は、どこまでも子どもたちが将来の「より豊かな生活」の保証のために、さらに上級の高等学校、大学へ進んでいくための「通路」としてしか機能していない。逆に言えば、その「通路」から脱落した者は、それに見合った「より劣った」職業や生活しか手に入れられない。それは当人の努力が足りないせいであり、能力ゆえの「自己責任」と見放されることでもある。

一九六〇年代の初めから、全国的に「高校全入運動」が展開された。それは義務教育終了の「中卒」者が、社会では「金の卵」と持てはやされながら、その実、社会の底辺の低賃金労働を担わされるだけ、という「実態」を多くの親たち、子どもたちが見て取った結果としての国民運動であった。その国民運動を受けて、当時の文部省は、高校の「多様化」を打ち出し、「普通科」と「職業科」の割合を四対六と提示した。しかし、「高卒」者もまた、「中卒」者の減少の後、社会の労働の場では同じく賃金差別を免れることはなかった。

小・中の義務教育が、その段階でとりあえず完結しうる内容のある教育階梯とは位置づけられなかったのと同様、高校（後期中等教育）もまた、それ独自の教育の場としては位置づけられてこなかったからである。国民が望んだことも、結局は「いい高校」から「いい大学」への進学であった。「普通科」とは、大学進学に有利なコースであり、「職業科」とは、工業科、商業科、農業科とランクづけされ、大学進学には不向きな、あるいは不利なコースであったことは自明であろう。「高校全入」から「大学全入」が謳われる時代になってなお、子どもたちは少しも「安心」できていないようだ。むしろ「教育過剰社会」の中で、学校に行くことが脅迫され、「学ぶ」ことの意味がますます感じられなくなっているのではないか。

小・中の義務教育とは、すべての子どもたちが、一人の例外もなく、ともかくこの社会に生きていくための力＝知識・技術および対人関係力＝を学び、さらにこの社会を担う主体として仲間とともに育ち合う場なのではないか。また、そこは、自他を識り、自他を敬し、そして自らの「生きる力」の根底を培う場、その意味では、誰からも奪われてはならない「教育福祉」の保障の場として位置づけられるべきではないのだろうか。

もちろん、財政の保障は中央行政府の責任であり、ナショナルなガイドラインの設定は当然であろう。しかし、学校の運営・運用は、個々の子どもたちの様態に応じて、学校の自治に任されてこそ生きた学びの場になるはずだ。このような小・中学校の自治はまた、地域に支えられ、地域をたえず活性化し続けることの中で保障されるだろう。

三　教育の場の官僚支配の強化――改定教育基本法への批判

安倍晋三首相の突然の辞任や、自民党の裏取引、あるいは民主党小沢一郎党首の一人よがりな動静等々を挙げるまでもなく、日本の二大政党政治家に明確な政治哲学や「公」を担う論理や倫理を期待するのは難しいのかもしれない。（それを許してきた戦後六二年間の民力もまた問われている。）そのような中で、安倍内閣の下、充分な審議のないままに、まさしく多数派の力のままに教育基本法が改定されてしまった[4]。安倍首相はいなくなっても、改定された教育基本法は厳然と効力を発揮し、それに伴う教育現実は、野党からも批判されることなく、日常として至極当たり前に進行している。あまりに奇怪なことなのに疑われもしない、――残念ながら、これがいまの教育現実である。

安倍内閣がやってきたことは、教育や福祉の世界を、「自立支援」という名目の下で、実態は、国家財政を切り詰め、市場原理を拡大し、そこで生じる格差や秩序の崩壊を、相も変わらぬ「上意下達」の官僚システムの強化で乗り切ろうとしたことである。紛れもなく典型的な国家主義を纏っていた。

改定教育基本法の問題も、大きく括れば、一つは文科省の権限強化、あと一つは、教員管理の強化である。いずれも、地方自治、当事者自治、「地域・コミュニティ」の活性化とは相容れない逆方向の政策化である。

第一は、旧第一〇条が第一六条に規定されなおした内容に顕著である。つまり、元の第一〇条の、「教育は不当な支配に服することなく」の条文は、政府や教員組合との論争の過程で、明らかに教育官僚による「不当な支配」もまたチェックしうるものとして機能していた。ところが、改定の第一六条では、「教育は不当な支配に服することなく」はそのまま継承されながら、それ

4　二〇〇六年一二月一五日成立。

に続いて、「この法律及び他の法律の定めるところにより行われるべきもの」という文言が加えられている。この文言の追加による改定によって、「不当な支配」とは、「法律の定めのない組織や団体によるもの」と特定されることになり、政府や文科省の教育支配は、法律に基づいている限り「正当」であると、傲岸にも公認したことになる。重ねて言えば、この新しい条文によっては、教育官僚による「不当な支配」をチェックすることは不可能になってしまったわけである。

民主主義のルールとして、「法治」はもちろん当為である。異論があるわけではない。しかし、現実の「法律」は、たえず権力作用と異議申し立てとのシビアな緊張関係の中で、その「正当性」は常に検証されていなければならない。それらのチェック機能やフィードバック装置を失う時、「法治」も、たちまちに「悪法も法なり」の官僚主義に堕してしまう。

このように、教育支配の「正当性」を単純に「法律の定め」に置きながらも、第一七条では、これからの教育政策を主導することになる政府の「教育振興基本計画」の立案と推進が、事前の検討や審議を踏まえることなく、「国会に報告」し「公表」するだけで良しとされている。教育の実際を左右する教育振興基本計画が「ノーチェック」で進められることそれ自体が「法律によって」定められてしまっているのである。

いま一つは、教育基本法の改定に続く教育三法の改定[5]によって、文科省の権限強化と教員管理体制の一層の強化とがなされたことである。

具体的には学校教育法の改定によって、現行の教頭や主任職の他に、「副校長」「主幹」「指導

5　二〇〇七年五月一八日成立。教育関連三法とは、「学校教育法」、「地方教育行政法」、「教員免許法及び教育公務員特例法」である。

教諭」を設けることができるとされた。その「副校長」の職務とは、「校長を助け、命を受けて校務をつかさどること」と定められている。教育の世界で、先に見たような「(正当な)支配に服する」や、ここに見られる「命を受けて」などの用語が、無頓着に用いられている。教員組織が、明らかな上下関係に置かれ、「命令」や「指導」が下されることが当然のように前提されている。そして、これに止まらず、教育公務員特例法の改定によって、免許の有効期限が一〇年に区切られ、そこで新たな講習を三〇時間以上受けて更新されるものとなった。この際、「指導が不適切教員」と認定された場合には、上限一年の研修が課され、研修終了時になお「不適切」と認定された場合は、その時点で免職となる。

もちろん、わたしもまた教員の現状のすべてを許容するわけではない。教員の世界に、絶えざる研修の機会や切磋琢磨できる環境が必要なことは言うまでもない。そして、相互の自由な批判もまた欠かせない大切なことである。

しかし、文科省を頂点とする教育委員会と学校のピラミッド型の官僚システムの中では、人は多く、「上」を仰ぎ、顔色を読み、自分の意見を自由に述べることはできなくなる。なぜなら、「上」の評価次第で自分の生活が脅かされるからである。そして、教員が「不適切」であるかどうかの評定は、相互の信頼と、自由な批評空間が保障されていて初めて可能になることであろう。親も子どもたちも、そして教員同士も、お互いに厳しく批判し合える関係をつくることなくして、一人の教員が「不適切」であるかどうかすら、「適切」に判定することは難しい。

とにもかくにも、日本の政治、経済とともに、いま、公教育もまた、大きな転換点に立っている。教育も福祉も、「当事者を抜きに決めるな！」……教育が、子どもたちと教師と、地域の大人たちの手によって、創り変えられるよう、制度そのものも問われている。

第５章

沖縄の自治と憲法改正

島袋 純

しまぶくろ じゅん
1961年生。琉球大学教育学部政治学教授。沖縄自治研究会を組織化。主著として『リージョナリズムの国際比較』がある。

はじめに

二〇〇七年、沖縄と日本《ヤマト》との関係においては、本質的な矛盾が極めて先鋭化した。地元の意向を完全に無視した普天間基地の辺野古への移設計画と札束で顔を殴りつけるような「米軍再編交付金」制度の導入が本格化した。さらに、移設反対の住民運動が続く辺野古沖への海上自衛隊の出動、基地反対運動の住民を対象とした自衛隊情報部門によるブラックリストの作成があり、また、沖縄戦での日本軍による沖縄住民集団強制死の記述が教科書検定によって削除されたという問題があった。沖縄では時期的にも重なったこの三つの事件は、三位一体のものとして考えられた。住民に銃口を向ける軍隊の実像と、それをどうにか正当化、美化しようとする国家体制の再来を感じ取ったからだと思う。

このような中で憲法改正がどのような意図で誰によって望まれ、その中で沖縄の自治がどのような意味をもつのか、自治の拡充を求める運動がどのように意義づけられるのか、それについて若干の検討を試みる。ただし、筆者の専門は政治学の一分野である行政学及び地方自治論である。法律学的な訓練を受けているわけでもなければ、憲法思想に精通しているわけでもない。憲法の正確な解釈より、極めて粗っぽく政治的な意義付けを行なっているかもしれない。しかし、そのことがこのテーマの追究には有効であると考える。

一　福祉国家の破壊と古くて新しい国民統合

冷戦の終了は、グローバリゼーションの時代をもたらした。それは、第一に地球規模での市場の飛躍的拡大と国境横断的な市場の相互浸透であり、それを推し進める理念はいわゆる「新自由主義」と言われる市場至上主義、市場原理拡大主義である。その中で国家的経済領域、すなわち政府セクターの縮小を求めるがゆえに、福祉国家の発展とともに拡大してきた国家の社会保障的な機能が見直しを迫られるようになった。福祉国家の再編成よりも市場の自由化を優先した国々では、国家が担ってきたリスク保障を経済システムと社会システムのもとに投げ帰すという乱暴な改革が進む。

日本においては国境横断的な経済活動の自由拡大の圧力のもと、規制緩和により各省庁の許認可権限は縮小し、公共事業、土木建設業を中心とする利益還元政治は、公共事業の縮小や談合摘発など徹底した攻撃を受けて急激に後退を余儀なくされる。旧橋本派の弱体化は、自民党内の権力闘争や政局的な問題よりも、このような背景にある新自由主義的改革＝構造改革[1]の圧力にさらされた結果とも言える。

一般的には、国内経済・社会に対する国家の規制力と再分配能力が縮小していく中で、国家による経済・財政的な手当と国境障壁に守られていた地域にとっては、その両方を失うということがグローバル化の意味である。家庭や地域において充足していた労働も消費も世界化する市場に直接押し出されて、市場が家族や地域を追いつめていく。人々の社会的生活を可能とする政策や

1　小泉政権が二〇〇一年から二〇〇六年にかけて推進した新自由主義的改革のこと。「官から民へ」を掲げて市場原理をあらゆる分野に導入し、競争を通じて赤字の企業や部門を淘汰して経済の効率性を高めようとした。銀行の不良債権処理を強

社会的連帯を維持する政策は後退し、絶望的な貧困がはびこりそれが社会的連帯を破壊する。

当然の解決策であるはずの貧困の撲滅と格差是正、そして社会的弱者の救済と社会的連帯の強化が、国内的にも国家横断的にも求められて然るべきなのに、それは放置され、「自己決定」、「自己責任」の合い言葉による市場原理のさらなる貫徹と治安リスクの暴力的解決が優先されるようになる。悪化する治安リスクの対策に対して、誰がどのように担うのか、についての議論が沸騰し、暴力、物理的強制力による解決を支持する風潮が蔓延している。

現代社会では、自由権的な基盤と社会権的な基盤の上に国家が成り立つとされてきた。つまり、人々の権利と自由を最大化し、社会的リスクを最小化する存在として国家が承認され、それがゆえに自己同一化するにふさわしい国家として国民統合が可能であった。グローバリゼーションや市場原理主義は、その国民統合を浸食する。その結果、例えば欧州ではその再生にむけて、社会民主主義的な思想や政策の再構築による統合、欧州機構及び欧州政策の強化並びに自治州の強化などによる、社会的リスクの保障を多層的に担う新たな政治体制導入が進展したと言える。

しかし、昨今の日本は、社会保障制度の信頼が崩壊し、福祉国家の再編がままならない中で、国民の権利と自由を制限し逆に暴力的解決の強化を指向する国家、暴力手段の強化による国民統合を図る国家となっている。それでは、もはや立憲主義的な国民統合（自由権的な統合）も福祉国家的な国民統合（社会権的な統合）も不可能である。

つまり、国家主義による国民統合である。具体的には、「伝統」、「歴史」、「文化」、「民族」、「道

要して企業のリストラを促進する、労働市場や道路交通事業の規制緩和を推進する、郵政事業や地方自治体の公共サービスの民営化を推進する、社会保障支出を抑制し自己負担分を増やす、地方財政の「三位一体」改革の名の下に地方交付税を削減する、といった政策が行われた。その結果、大企業の経常利益が大幅に増え景気も回復したが、低賃金で不安定な非正規雇用の労働者が急増し、所得格差の拡大、ワーキングプアの増大、地域間格差の拡大を招いた。

徳」などである。古き良き伝統が「美しい国」を作ると美化され、国民は「美しい国」との一体化を強制され、美しくない都合の悪い歴史は抹消されていく。それに馴染まない個人や集団を排斥する構造的な暴力を生みだし、さらには、歴史を紐解くまでもなく国家による暴力的解決を正統化し、その暴力行使の拡大と容易に結びつく。教育基本法及び教育関連諸法の改正、厳罰化の進む少年法改正、暴力装置行使の裁量が飛躍的に拡大する共謀罪など刑法改正、国民保護法、自衛隊や安全保障関係の諸法の改正の同時進行である。この延長上に、大臣の安易な裁量によって出動命令が出される自衛隊があると考えられる。

二　立憲主義国家の形成と復帰運動の本質

国家主義的な新保守主義的改革と暴力装置使用の拡大の行き着く先は、民主主義の終焉と超国家主義による支配である。憲法改正は、その総仕上げということだろう。しかし、憲法改正を待たずとも沖縄に対して、新基地建設の進展状況に応じて配布されるという、いわゆる「米軍基地再編交付金」や基地建設反対の住民運動に対する海上自衛隊の出動並びに自衛隊情報部門による反対運動ブラックリストの作成など、住民や自治体に対してこれまでには考えられなかった極めて抑圧的で直接的な政策が実行されている。いずれの政策も決定過程や根拠がまった不透明で防衛省の裁量が極めて大きい。防衛省がやりたいように沖縄に対して強権的な権力の行使が容認される仕組みとなっている。もはや軍事的植民地といっても過言ではないのではないか。この一〇年の沖縄の選挙における投票率の急激な低下は、このような沖縄の政治的状況に対して、憤慨や怒りを通り越し、政治に対する諦め、無気力、絶望のような雰囲気が覆い尽くしていることが背景にあると思われる。懐柔と威嚇の横行、理不尽な支配は、確実に沖縄の自律的な未来を消滅させる。圧倒的な力によって批判的思考力を奪い抵抗の意思を表明する力を奪い取る。

しかし、それでもなお、決してくじけない勇気のある人々がいる。その抵抗の意思を変えることは容易ではない。この異議申し立てが沖縄の自治を支え、日本の民主主義を支える。このような異議申し立ては、祖国復帰運動[2]から続く沖縄の住民運動の本質に関わっている。復帰運動は、民衆的な運動であり権力の構造の変革を求めた政治的運動である。次にそれが何に基づいているのかを考えたい。

まず、政治の本質は「権力」であり、権力の核心にあるのは、「暴力」である。政治を担う為政者や組織は、「暴力」を独占し一定の正統性を獲得しつつ行使しうる存在である。人類は幾多の血を流して、現在ようやく「法の支配」と「民衆の支配」(人民による人民のための人民の支配)原理とその貫徹こそが、支配の正統性を担保しうる現代政治の基礎的要件であるという認識にいたった。

さらに、支配＝統治の最も重要な目的は、功利主義的な利益の増幅でもなければ、国富の拡大でもない。ましてや「伝統」の維持や復活では決してない。現代では「基本的人権の保障」こそが最大の目的として掲げられるようになった。すなわち、現在の統治機構は、被支配者の基本

2 米軍占領支配下の沖縄では、一九五〇年代後半、米軍基地用地の強制収用に抗議する「島ぐるみ闘争」がたたかわれた。それが妥協的な決着をみると、かつて米軍の圧力によって中絶させられていた日本への復帰運動が再開され、一九六〇年には「沖縄県祖国復帰協議会」が結成された。以後七二年の「沖縄返還」が実現するまで、「祖国」と「復帰」の内実を問う激しい論争を伴いながら、この運動は、沖縄の社会・政治運動のあり方を規定する大きな役割を果たした。

的人権の保障を目的とし、法の支配と民衆の支配の原理によって権力をはじめて行使できるということで正統性を調達している。いわゆる立憲主義的な政治の姿であるが、それが国民的合意となって深く浸透し、形となって現れたのが元来の「憲法」である。

しかし、それは、常に揺らぐ、ゆがめられる、あるいは形骸化される。場合によっては、権力者・権力機構によって、意図的に、巧妙にあるいは強圧的に換骨奪胎化され、別の原理、別の目的を至上とする支配が行われる。恐ろしい支配である。

それを正すのは、誰か。当然ながら権力者・為政者の側ではない。その補助機関でもない。一般市民、民衆である。理不尽な支配や権力の行使に対する勇気ある民衆の抵抗運動である。沖縄においては、沖縄の民衆である。私は、復帰運動とは何か、という疑問に対して、日本への憧憬、期待、祖国愛などを基盤とする日本ナショナリズム運動あるいは反米運動、反基地運動というよりも、米軍による理不尽な統治に対する民衆の抵抗が本質であったと意義づけたい。抵抗運動の行き着く先・最終目的は、沖縄においても、民主主義国ではごく当たり前の、基本的人権の保障を目的とし、法の支配と民衆の支配が貫徹する統治体系を取り入れることであった。

復帰前の琉球大学教授時代、後に副知事となる比嘉幹郎氏は、集権的な日本の「県」制度レベルの小さな自治権では、極東最大の軍事基地化された島の問題の解決が不可能であり、沖縄の人々の望みは叶えられないとして次のような提案を行った。連邦制において国家主権を中央政府と共有する「州」と同じレベルの権限を持つ沖縄の自治政府が必要であると。復帰前の琉球政府はまた、復帰後の沖縄の自治に対する要望をまとめ上げ、いわゆる「屋良建議書」として日本政府に正式に提案した。それも同じ危機意識に基づいて作られているとみて良い。比嘉幹郎氏の提案も屋良建議書も日本政府によって完全に無視された。一顧だにされなかった。

案の定、復帰後も移転問題や地位協定の問題に典型的に現れるように米軍最優先は続き、沖縄の人々の自由と権利の保障を目的とする、沖縄の人々による支配とは到底言えないような統治体系となった。現在の基地移設反対運動や地位協定改正運動も、現在の統治を正し、変えていくという、その底流には復帰運動から綿々と続く、沖縄の民衆のまっとうなるたたかいの延長線上にある。

日本復帰だけを目的とするならば、復帰運動は、復帰によって終わったとしか言いようがない。しかし、そうではなく、その核心を人権と自治権の確立の運動、法の支配と民衆の支配を現実化するための運動と捉えるならば、その精神は継承され今もなお沖縄の民衆運動は継続している。復帰運動のような大規模で激しい民衆運動など、もうどこにもないという疑問も起こってこよう。しかし、権力の質の民主的な転換を求めるような運動として捉えた場合、それが多様な形態となって現れていることに気が付くはずである。一見関連性がない多種多様な運動や活動が、復帰運動という同じ源流から流れ出て大きな一つの目的に収斂されていく。

立憲主義の核心中の核心は、個々の人々の自由と権利であり、それを守るための自衛の権利、個々人の自由と権利の侵害に対して抵抗する権利があるということである。そして人々の自由と権利を守る「手段」として国家や統治機構の存在意義が導き出される。つまり、この個々の人々の自由と権利を守る自衛権から、自由で平等な人々からなる「社会」が形成され、その「社会」を守るために個々の自衛権に基づいて契約を結び国家を形成するということで、国家そのものの正統化が担保される。

人々の自衛や抵抗の方法は、暴力、物理的強制力から、非暴力へと進化していき、洗練化されていった。しかしいざとなったら、人々は非暴力的な方法とはいえ実力行使をしてでも（デモ・ストライキ、非暴力的な占拠、封鎖、人間の鎖）自分たちの自衛のために抵抗するということが当然の原理原則である（たたかう市民の像）。国家に対して、個々の人々の基本的な自由と権利の侵害があれば人々は抵抗し自衛する権利があり、その権利の行使が、国家にも社会にも当然のごとく受け入れられ奨励されている状態の実現が、立憲主義には欠かせない。人々の抵抗や暮らしの自衛のための直接的行動を許さない、容赦なく暴力で排除する国家は、もはや立憲主義国家、近代国家たる資格がない。

三　憲法廃止論としての憲法改正論と沖縄の運動

治安や軍事的な運用上の必要性などという納得できない理由によって、自らの暮らしの自衛のために抵抗する民衆、たたかう市民を認めない統治は、尋常ではない。

確かに社会の安全と安心は、放っておいても得られるものではない。誰かが与えてくれるものではなく、人々の自衛・自助及び何らかの社会的な相互扶助、共助の仕組みを作り出す努力とともに、統治機構の創出、具体的には刑法等の法規範の整備をはじめとし、警察という物理的強制力、裁判機構、刑務所という強制施設によって最終的に担保されている。しかし、統治機構による暴力の独占は、常に人々の自由と権利の侵害に結びつく可能性があるため、それを常に批判的に捉え、立憲主義による徹底した制約が要求され制度化・実体化されなければならない。つまり、統治機構の暴力は、立憲主義の貫徹によってのみ正統化されうる。

対外的な脅威に対して統治機構が持つ暴力装置についても原則は同じである。日常的に超法規的な存在として法の支配と民衆の支配を免れ、立憲主義の枠の外にある軍隊が存在していいはずがない。沖縄の人々の暮らしを侵害することをまったくいとわず、未明に爆音を響かせて軍用機が飛び立つことなど、日本以外の先進国ではまったく考えられない。しかし、もし沖縄の人々がそういう軍隊や基地の存在を許すならば（たとえ多額の補助金と引き替えにだとしても）、沖縄の人々は自らの自由と権利を破棄することに等しい。それは、復帰運動の本質を忘れ去り、あるいは矮小化し、沖縄の人々が自らの誇りとアイデンティティを放棄するという意味である。

現在の憲法改正は「九条」が焦点だといわれる。しかし、究極的には九条ではなく戦前の家族国家観の復活が改憲派の中心的な改正目的であると思われる。近代憲法は、基本的に個人の尊厳、自由と権利を守るものである。それらを守る最低限の装置として国家を作るという取り決めが憲法という意味である。その尊厳と権利を守るために、どういったことが必要になるのか、どのような仕組みが必要になるのか、主権者（＝国民）の自由と権利を守る仕組みを主権者（＝国民）自身が作りだし守っていくそういう取り決めである。この仕組みと取り決め自体の廃止、すなわち立憲主義の廃止の野望が現在の保守主流の改憲論のベースにある。

日本で近代憲法が成立した時点では、立憲主義の理念がなかったと断言することはできない。しかし、これが軍国主義の進展とともに形骸化されてしまい、天皇を頂点とする大家族というような秩序観による国家形成がより強化されていく。戦後レジュームを脱却し「美しい国」日本にするというのは、憲法改正を機に、また立憲主義による統治を否定する国に戻していくという宣言だと捉えられる。そこで前政権がこだわったのが憲法改正だということだと思われる。

しかし、このような立憲主義否定の憲法改正の発想から出てくる「憲法」というものは「似非《えせ》憲法」であって、もはや「憲法」ということはできない。したがって今危機にさらされているのは、そしてだからこそ守るべきは、「憲法」による政治、あるいは「憲法」そのものである。

四　欧州における「憲法」の現在――多元的多層的人権保障

西洋諸国では、国民が国家に制約を課すための憲法に基づく政治、という立憲主義の伝統がある。しかし、非西欧世界ではほとんどが似非憲法というのが世界の大勢である。似非憲法では、憲法を国家が権力の都合の良いように国民に押し付ける。国民に義務を課すものが憲法とされ、欧米先進国以外ではほとんどがそういう状態である。

個人的な問題意識として、個々の人権を守る「憲法」というのは国民国家のなかだけで、その国家レベルのみで成立し育まれるのか、ということに対する懐疑がある。欧州における道州制(Regionalism)研究から得られた知見では、自由と権利とかを保障する権利は多層的になっているということである。既存の国民国家に限らずその上に「欧州」という政治機構、その下に「自治州」の成立。これがかなり強い政府として現れてきていて欧州の市民権、欧州の市民自治、自治州のシチズンシップというものが出てきている。そのような新たな政治機構が登場するなかで、多層的な統治構造によりいかにして自由と権利を守っていくのかという課題設定が行われているのである。

人権保障機構の多元的多層的構造、それが「リージョナリズム」が勃興する一つの要因である。国際政治的にはスーパー・ナショナルなレベル、つまりEUのような国際的地域機構に用いる場合と、サブ・ナショナルなレベル、つまり日本でいう道州制レベルに用いる場合の両方にまったく同じ言葉を使うが、共通して言えることは、これは既存の国家の枠を超えた統治を作っていこうという思想とその結果生まれた制度という意味である。したがって、国民国家という今までの既存のシステムとは違う新たな仕組みを作っていく志向を「リージョナリズム」ということもできる。欧州において既存の主権国家の枠を超えた国際的なレベルで人権保障のシステムを構築しようということと、州議会あるいは州政府といったものの設置により人権保障をしようということが大きな流れになっている。具体的には、例えばスコットランドが一九九八年に新しく議会と政府を創設したが、まず、スコットランドの人々（People）の権利はこれである、という「権利の請願」（Claim of Right）が市民運動の中から出てくる。この権利を守るためにどういったプロセスが必要なのか、というスコットランドの憲法に相当するものを作る。それから、それに基づいてスコットランド議会及び政府を作っていくわけである。

このような人権保障の多層的な機構への動きを支える重要な基盤は何かというと、アンチ・グローバリゼーションといわれることもある、多元的な「市民社会」のグローバリゼーションではないかと思う。統治機構ではない多元的な主体による人権保障と多層的な統治機構が、「多元的多層的人権保障」の仕組みの意味である。

五　沖縄の運動と「憲法」の実体化

沖縄では現在、市民社会の密接な連携といった運動が次第に活性化してきており、アジアのさまざまな諸国の市民団体と非常に密接な連携を持ちはじめている。補助や援助をするわけでもない日本の市民団体がアジア諸国に出向いていっても友好関係を築くことは非常に難しいのかもしれない。しかしながら、沖縄は、歴史的にも現在でもアジア諸国と共通の課題を抱えているということもあり、補助や援助を与える側というよりも、共通の問題に対抗していくための連携というような形で非常に密接な関係を作るにいたっている。

そういった「アジア市民社会」というような世界がアジアの中ですでに芽生え始めているので

はないか。とくに沖縄は、韓国、フィリピン、中国、台湾との市民的な連携というのを強くはぐくむことができる重要な地位にある。欧州における市民活動の活性化による「多元的な」人権保障機構について述べたが、アジアの中においてもそう遠くない将来に多元的な人権保障の仕組みの構築を目指しその文脈の中で、沖縄の自治州の機構をも、主体的に作り出していくべきではないか。そのような哲学を持ち、よりアジアの平和に貢献できるような沖縄の市民社会、自治の仕組みを育んでいくことが夢描けるのではないだろうか。

分権改革の時代と言われながら、現実的には中央主導というよりもはや中央集権的に地方分権改革が進んでいる。新たな自治の仕組みについて沖縄から対案を出さなければならない。沖縄が出さないとすれば、沖縄の望む自治を中央政府が作ってくれるわけがない、内閣府沖縄担当部局が作ってくれるわけでもない、政府の審議会や自民党政調会、経済界が作ってくれるわけでもない。沖縄県民の中から、こういった構想が出てくるしかない。それが出せないならば、軍事的な植民地化ということが進展していくだろう。

日本の分権改革では、分権改革が始まった当初に比べると、地方政府の財政基盤を強化するという三位一体改革の理念からは大きく後退し、基本的にグローバル化にそって、もはや行財政改革の一端として、もしくは「構造改革」の一端として三位一体改革が行われてきた。

非常に気をつけておかなければならないのは、最近急激に道州制の議論が活発に行われるようになっているが、これは「構造改革」の側からの要請といっても過言ではない。それらの動きに対抗するにはどうしたらよいのか、かりに道州制の検討や導入がさけられないとすれば、「分権化としての道州制」を打ち出す努力が必要となる。

そのためには「道州制」というものを中央発信ではなく地方発信で再定義していかなければならない。そうでないと道州制の議論も「構造改革」の文脈のなかで、三位一体改革のような悲惨なものになってしまう。欧州において議論が繰り返され現実の制度を構築する理念として重視されたが、日本のなかでは自由と権利を守るための機構、あるいは民主主義を守るための機構としての道州制はほとんど議論されていないのが現状である。

分権的な道州制を実現することとの関連で、憲法改正の動きを見ると、自民党の新憲法草案が憲法九五条を削除したことが大きな問題となる。当然ながら、「構造改革」の一環としての分権改革では、あるいは戦前レジュームへの回帰にとってはこのような条項は存在意義がない。ないどころか邪魔でさえある。したがって自民党が廃止を改正案に盛り込むのは必然かと思われる。

九五条は、もともとは「ホーム・ルール」というアメリカの考え方で、自治体の基本的ルールを地域住民の中から発案し、そして住民投票して、自分たちの権利行使の仕組み、すなわち地方政府を作っていくというものであった。それが様々な紆余曲折をへて、最終的には特定地域における特別法に関しては、住民投票に付さなければならないという現在の規定になった。西尾勝、山口二郎氏らのように沖縄は九五条に基づいて新たな人権保障の機構として、沖縄の平和的生存権、人々の自由と権利を守る砦として、「道州」という仕組みに再構成していくべきではないかという有力な主張もある。

　ところが、九五条が廃止されてしまうと、沖縄の人々が自分たちの権利と自由をまもるためのプロセスがなくなる。このプロセスとは、沖縄の人々が自ら考え行動し、最終的には住民投票で決定していくことを前提に、沖縄の地域社会を守っていくにはどういった権限、仕組み、主権が必要なのか。また自分たちの権利がどうすれば守っていけるのか。そういうことを話し合いの中から合意形成していくということである。そのためには、復帰運動の流れのなかで、それらを再定義し、そしてさらに沖縄の自治権の拡大というものを再編成していかなければならない。そういった意味で、復帰運動を「人権と自由、自治権を守るための住民の身体を張った闘争だ」と捉えかえし、今後九五条を通して自治権を獲得していくプロセスをその歴史的文脈の上に位置づけるべきだと思う。

　とすれば、復帰運動は、未完の運動である。引き続き我々は、自治権を守る、沖縄の人々の自由と権利を守るための新たな仕組み、権力的な機構として、現在の統治機構を再構成していくという運動に取り掛かるべきであろう。憲法が自由と権利を守るために、人々の中から生まれ、実体化していくものだということであれば、まさしく沖縄の人々による沖縄の人権と自治を守り育んでいく運動とそのための沖縄の統治構造の作り直しがそういうものに繋がっていくのではないか。そのために実際の主権者として、批判的思考、能力を持ち、行動する、実践的な力を持った市民を育てることが大事になってくる。その意味で、改憲による似非憲法への転換を阻止する、換言すれば「憲法」政治を実体化するという文脈で、自治権獲得＝沖縄州政府の制定を考えるべきだということである。

最後に

二〇〇二年一月から「沖縄自治研究会」が立ち上げられた。沖縄の人々が自らの政府を作り直していく力があるということを共通認識として持ち、沖縄の新しい政府づくりを目指して立ち上がることを期待してその試案づくりを始められた。その中で研究者への参加の呼びかけが行われ、それに呼応して九人の公法や政治学の研究者が加わったのである。沖縄の自治の新たな試案づくりの試みが、沖縄の人々による政府づくりに直接結びつくように、一般市民に広く参加を呼びかけ、誰にでも平等で自由な発言を求め、しかもその意見を尊重しながら、試案づくりが行われた。まず、市町村の憲法と言われる「自治基本条例」のモデル条例を一年半のワークショップで完成し、さら二年間のワークショップの後、沖縄自治州基本法の試案を完成させた。試案作成のワークショップや研究会への一般市民の参加を徹底して呼びかけ、延べ約五〇〇〇人もの方が参加した。議論に費やした時間は、三百時間以上に及ぶ。その議論内容は研究会のホームページに記録として残っている。

沖縄自治研究会のこのような活動と市町村自治基本条例（モデル条例）及び沖縄自治州基本法試案の発表という成果は、復帰運動から継続する人権と自治権を確立する沖縄の主体性回復と立憲主義的な実体化の文脈において理解されなければならない。おそらく日本の中で、このような意味で自治権の確立運動、分権化運動を意義づけられるのは、沖縄だけかもしれない。しかし、沖縄においてもそれが充分に理解されているとは言い難い。自治研究会の研究や活動のみならず今後も沖縄の自治と確立に関しては、立憲主義的な政府を構築する主体的な意識を喚起することが大切で、こういった意識を沖縄の人たちがもてるかどうかで沖縄独自の、「構造改革」の一端としての道州制とはまったくちがう、自分たちの自治の新しい姿が作られていくのであろう。

（参考文献）
濱里正史、佐藤学、島袋純編『沖縄自治州あなたはどう考える?――沖縄自治州基本法試案』沖縄自治研究会、二〇〇五年
大学人九条の会沖縄ブックレット編集委員会編『新保守主義の動向と沖縄――沖縄から憲法九条をまもるために』大学人九条の会沖縄、二〇〇七年。

第6章

北海道におけるアイヌ民族との共生のために
――さっぽろ自由学校「遊」の活動から

小泉　雅弘

こいずみ　まさひろ
1962年生。NPO法人さっぽろ自由学校「遊」理事・事務局。

はじめに

グローバルな経済や国家単位の制度的枠組みにいやおうなくまきこまれている現代の私たちの暮らしにおいて、「自治」とはとてつもなく難しい、簡単には手の届きそうにない事柄のように思えます。私たち一人ひとりの市民の日々の営みや実践が、どの程度まで自らの属する社会のあり方に影響を与えられているのかと考えると、なんとも気の遠くなるような距離があるようにも思えてしまいます。それゆえ、ここで紹介する内容も、「自治」そのものとは程遠いものかもしれません。しかし、研究者でも専門家でもない私が、「自治」とか「共生」というテーマを与えられて書けることは、自分たち自身の取り組みについて紹介することしかないであろうと思い、自分が北海道・札幌の地で関わっているさっぽろ自由学校「遊」の活動、とりわけそこにおけるアイヌ民族との共生をテーマとした学びを紹介しながら、北海道に生きる私たちにとって「自治」とは何なのか、そして「共生」とは何なのかについて考えてみたいと思います。

さっぽろ自由学校「遊」の活動

さっぽろ自由学校「遊」（以下、「遊」）は、一九九〇年に設立された市民がつくる市民に開かれたオルタナティブな学びの場です。現在は、札幌市の中心部に小さな事務所と教室スペースをもち、ほぼ毎日、様々なテーマで講座を開講しています。

「遊」設立の直接のきっかけは、一九八九年に取り組まれたピープルズプラン二一世紀（ＰＰ21）

国際民衆行事でした。「アジアの民衆と共に二一世紀のオルタナティブな未来図を描こう！」というアジア太平洋資料センター（ＰＡＲＣ）からの呼びかけのもと、各地に実行委員会がつくられ、八九年の夏のほぼ同時期にテーマ別の国際会議やイベントが日本各地で開催され、アジア・太平洋地域を中心に海外から招いた多数のゲストと共に、民衆のオルタナティブなビジョンについて議論しました。北海道では、アイヌ民族と共に実行委員会を準備し、札幌～平取町二風谷～釧路・釧路湿原と広い北海道を横断しながら、日本国内で初めての世界先住民族会議を開催しました。この会議の運営に関わったメンバーの有志が、会議終了後に「札幌の地でＰＰ21の中で提起され、議論された様々な課題について、より多くの人たちと共有し、深めていけるような継続的な場をつくりたい」と話し合ってはじめたのが、「遊」の活動です。

当初は週一回、社会の課題をテーマに沿って学ぶコースと、英語を学ぶコースの二つのコースからのスタートでしたが、徐々に講座数が増え、現在では年間四〇程度のコース（連続講座）を開講しています。

「遊」の活動はそれほど計画的に準備されてはじまったものではなく、立ち上げの資金も全くのゼロからのスタートでした。当然のことながら、スタッフもすべてボランティアによる運営でした。私自身は、学習塾の講師をしながら、事務局としてこの活動に関わってきました。現在は、私を含む二名の事務局スタッフが有給となっていますが、「遊」の運営を支えているのは今でもやはり、多様なメンバーの自発的（ボランタリー）な関わりです。

一九九八年に特定非営利活動促進法（NPO法）ができ、市民活動団体も比較的容易に法人格が持てるようになって、「遊」も二〇〇一年にNPO法人格を取得しました。この頃から、市民活動団体にも経営能力が必要という声が高まり、「職員を雇えるようなしっかりとしたNPO」が求められるようになりました。まがりなりにも有給スタッフを抱え、自前の事務所や教室スペースを持つようになった「遊」にとっても、それはもちろん他人事の問題ではなく、現在も活動資金に関する悩みはつきません。

しかし、誰に命じられるでもなくほぼ毎晩、仕事が終わってから「遊」の事務所に来て、自らすすんでニュースレターを編集したり、講座や企画を運営したりしている若いボランティア・スタッフの姿を見ていると、こうした活動には「お金」だけでは測れない価値が確かに存在する、ということも同時に実感します。

私たちの活動は、その名に「学校」とついている通り、「学び」を中心とした活動です。扱うテーマには、民族やジェンダーなど人権に関わるものもあれば、環境や国際協力、平和、労働に関わる問題、歴史や思想をめぐるテーマなど、多種多様です。私たちが社会生活を営む上で直面する課題や、私たちが市民として身につけたい文化・技能のすべてが、「遊」の守備範囲であり「教材」です。私たちが、自分たちの価値判断をマスメディアや世間の風潮に委ねるのではなく、自由な対話や意見交換の中でつくりあげていくこと、そして、自分たちの社会のあり方を政治家やどこかの偉いさんに委ねるのではなく、自分たちの価値判断に基づいて捉えなおし、創りだしていくことが自由学校のねらいであり、実践です。それは、言い方をかえれば、地域における共同の場やつながりを切り崩され、効率や競争という価値観に覆われた社会に投げ出された私たちが、「自治」というものを形を変えながら取り戻していくための試みでもあります。

アイヌ民族との共生に向けての学び

さて、このように「遊」の学びのテーマは広い範囲に及んでいますが、その中で「遊」が設立の当初より一貫して追求し続けてきた重要なテーマの一つに「アイヌ民族との共生」という課題があります。実際、過去一八年間の「遊」の開講講座やツアーの中には、アイヌ民族や先住民族をテーマにしたものが数多くあります。私自身にとっても、ＰＰ21の先住民族会議にスタッフとして関わって以来、このテーマは欠くことのできないものとなっています。ここでは、過去二年ほどの間に「遊」で実施したアイヌ民族に関わるいくつかの取り組みを振り返りながら、アイヌ民族の権利回復と共生という課題について考えてみたいと思います。ちなみに、以下で紹介する三つの取り組みはすべて、アイヌアートプロジェクトの結城幸司さんとの協働によって実現したものです。結城さんとの出会いなしには、このいずれの企画も実現することはなかったと思います。

シレトコ・先住民族エコツアー「パイェパイェヒンネツアー」

先住民族にとって観光とは、かつても今も非常に大きな問題性を孕んだテーマであり続けています。世界の先住民族はエキゾチックで神秘的な存在として、そしてそれは裏を返せば近代化されていない「遅れた」存在として、観光の客体、つまりは見世物として扱われてきた歴史があり、現在でもそうした傾向は否めません。そして、それは先住民族に対するステレオタイプな見方を助長し、差別的視線を再生産する一因にもなっています。アイヌ民族にとってもそれは例外ではありません。古くは一九〇三年の人類館事件という出来事があります。大阪市で開催された「第五回内国勧業博覧会」において著名な人類学者らの協力のもと「学術人類館」が設けられ、五人のアイヌ民族が台湾原住民族などと共に展示されました。[1] 戦後においても、アイヌ民族が観光の客体とされてきた事情は大きくは変わっていません。しかし、同時にアイヌ民族にとって観光は、民族のアイデンティティを保持しながら自らの文化(踊りや木彫など)を継承していける仕事という側面も併せもっています。有形無形の根強い差別が存在する中、アイヌ民族がアイヌ民族であることを表に出すことのできるほとんど唯一の仕事が観光であった、ということもできると思います。

さて、このように複雑な背景をもつ先住民族と観光ですが、近年、先住民族自身による新たな観光への取り組みとして注目されているのが先住民族エコツーリズムという試みです。日本においては、二〇〇五年にシレトコ先住民族エコツーリズム研究会(SIPETRU)というグルー

1 上村英明『知っていますか?アイヌ民族一問一答新版』解放出版社、二〇〇八年

プが立ち上がりました。研究会のメンバーでもある小野有五さんによれば、先住民族エコツーリズムとは「先住民族が自らの文化を主体的に発信するとともに、これまで外部資本や非・先住民族側に握られてきた観光業を自らのビジネスとして取り戻し、先住民族としての経済的な自立、若い世代の雇用確保、文化の伝承を図る」[2]ものです。この研究会が設立された背景には、シレトコ（知床）の世界自然遺産登録という状況がありました。国内で世界自然遺産の候補地を選定する過程において、アイヌ民族の参画が全くなかったことへの問いかけがアイヌ民族や研究者の中から起こり、その延長線上の動きとして「世界遺産地域での先住民族エコツーリズムの主体として、アイヌ民族が自然資源の管理に関わる」という提案が生まれてきました。この提案を実現するための研究と実践を目的に設立されたのがシレトコ先住民族エコツーリズム研究会です。研究会では、二〇〇五年にモニターツアーを開催し、ツアーの本格実施に向けての準備を進めていました。そんな中、研究会のメンバーでもあるアイヌアートプロジェクトの結城幸司さんから、『遊』のツアーとしてやってみないか？」という提案があり、実現したのが二〇〇六年七月のシレトコ・先住民族エコツアー「パイエパイェヒンネツアー」であり、一般参加者を募った初めての先住民族エコツアー企画となりました。

このツアーには北海道の内外から二〇名程度の参加がありました。このツアーの実施時点ではまだ、アイヌ民族のガイドが現地に常駐していなかったので、ガイド役のアイヌ民族のメンバーも札幌からバスに同乗するという形をとりました（現在は、アイヌアートプロジェクトのメンバー

2 小野有五「シレトコ世界自然遺産へのアイヌ民族の参画と研究者の役割」、『環境社会学研究』第12号、二〇〇六年

でもある早坂雅智さんがシレトコに常駐するようになり、常時ツアーを行える体制となっています）。ツアーでは、チャシコツ岬という竪穴住居の遺跡のある岬に登り、その場でカムイノミ（アイヌ民族による儀式）を行ったり、観光地にもなっているフレペの滝に向かう遊歩道を歩きながら、アイヌ民族の暮らしの中での植物の利用方法などを聞いたりしました。また、夜にはトンコリ（樺太アイヌの弦楽器）の音色をバックに結城幸司さんの創作ユーカラ（アイヌ民族の叙事詩）を聞きながら焚き火を囲むというぜいたくな時間を過ごしました。

なお、こうしたアイヌ民族による新たな試みの意義や魅力を伝えるため、「遊」ではこのツアーの様子を撮影し、関係者のインタビューを交えて編集したＤＶＤ『もうひとつのツーリズム〜先住民族エコツアーの始動』を制作しました。

演劇ワークショップ「現代のユーカラ劇をつくろう！」

私がアイヌ民族のことに関心を持ったきっかけは、ＰＰ21における世界先住民族会議であったと先に書きましたが、正確に言うとその少し前にさかのぼります。ＰＰ21の準備を全国でスタートさせる際に、フィリピンからＰＥＴＡ（フィリピン教育演劇協会）のメンバーを招き、日本の各地で演劇ワークショップをするという企画がありました。北海道にもＰＥＴＡのメンバー二名がやって来て、一緒に道内を巡ってアイヌ民族の方々と交流する小旅行をし、その経験をもとに劇をつくるという演劇ワークショップが行われ、私も参加しました。この体験は、当時の私にとって非常に刺激的でインパクトのあるものでした。

二〇〇六年の秋、例によって結城さんに「遊」の企画について相談をもちかけ、一緒にアイデアを練っている中で、結城さんから「現代のユーカラ劇をつくりたいね」という話がでてきたときに、すぐに思い浮かんだのはこのPETAの演劇ワークショップのことでした。どうせやるのなら今回もワークショップ形式でということで、知り合いで演劇を通じたまちづくりなどに取り組んでいるコンカリーニョというNPOの斎藤ちずさんに協力を求めて実現したのが、この演劇ワークショップ「現代のユーカラ劇をつくろう！」です。アイヌ民族の関連講座というと木彫りや刺繍などの文化講習的なものか、そうでなければ歴史や権利に関するお話を聴くといったように、文化か社会か、体験か座学かとどうしても内容とスタイルが二分されてしまう傾向があります。この企画では、そうではなく演劇（芝居）という文化表現を使いながら、アイヌ民族の抱えている課題や共生に向けてのジレンマなどを率直に表現したいという思いがありました。結城さんの側にも普段の講座ではなかなか表面に出てこない和人側の本音を引き出したいという思いもあり、事前の話し合いで以下のような基本設定を考えました。

「舞台は今から五〇年後の北海道。時代が変わり、北海道は日本から独立することになった。新たな憲法を制定するために開かれた委員会には各分野からの代表者が集まる。そこに国連で先住民族の権利条約が採択されたというニュースが飛び込んでくる。さて、それぞれのメンバーの反応は…？」

五回に渡って行なったワークショップでは、アドリブで演じるスキット（寸劇）などを通じて演技の練習をし、最終的には先の設定に合わせて参加者が自分のやりたい役を選んで、すべてアドリブで演じてみました。この臨場感がなかなか面白く、本番も基本的な流れだけ押さえて、セリフはすべてアドリブで通しました。欲張りなアイヌ役の結城さんが国連のニュースを手に会議の席に飛び込んできて、「これでこの札幌のまちも俺たちアイヌのものだ！」と喜ぶと、大和民族の伝統を重んじる神社庁の代表や、新たなフロンティア精神を掲げるベンチャー企業の社長がそれに反論したり、身の回りのことにしか関心のない主婦が「私の家にもサケがほしいわ」とつぶやいたり……。言い争いが昂じてつかみ合いになりかけた時に、それまでアイヌであることを隠していたみやげ物屋の主人が割って入り、アイヌ語で叫ぶとともに「俺もアイヌだ……」とカミングアウトをして、アイヌ語を使えずにいる悲しみや苦悩を吐露するというストーリー。時間にして一五分程度の芝居で、素人役者による演技ゆえ、観るに耐えるものになっていたかどうかはさておき、この芝居をつくりあげる中で、実際にアイヌ民族が先住権を主張していく際に出てくるであろう和人側の反発やとまどいがいろいろと浮かび上がってきたように思います。この芝居はもちろんフィクションであり、極端な意見をあえてぶつけ合ってみるという想定でしたが、芝居を行った半年後の二〇〇七年九月には、二〇年以上前から議論され続けていた「先住民族の権利に関する国連宣言」が実際に国連総会で採択されており、少なくとも芝居の中でアイヌ民族役が主張した土地や資源に関する権利は、「先住民族に共通に認められるべき最低限の権利」としての宣言の条文にすべて含まれているものです。そう考えてみれば、日本の多数者の側がこうした先住民族としての当然の権利主張に対し、いかにそれに応ずる準備ができていないかということが現実問題として浮き彫りになったように思います。

合宿ワークショップ「ニサッタ グス チャランケ～明日のための話し合い～」

この取り組みは二〇〇七年一〇月に、二泊三日の合宿ワークショップとして札幌市内で開催したものです。タイトルだけでは何がテーマだか分からないと思いますが、「アイヌ民族と非アイヌ民族が平場でじっくりと話し合い、両者が共生する北海道の未来について考えたい」というのがこのワークショップのねらいでした。これまで「遊」ではアイヌ民族の歴史や人権、文化などについての様々な講座を行なってきましたが、通常の二時間程度の講座ではどうしてもアイヌ民族や研究者などをゲスト講師として招き、話を聞くという形に終始しがちであり、もっと同じ目線で本音の話し合いをしたいという思いがありました。そんな中、アイヌアートプロジェクトの結城さんと開発教育協会の西さんと私との間で、共通の知人であったマレーシア在住のタン・ジョハン、砂澤嘉代夫妻（タン・ジョハンさんはアジア各地を飛び回る国際的ファシリテーターであり、砂澤さんは苫小牧出身のアイヌ女性です）を日本に招いてワークショップをしようという話がもちあがり、それが実現しました。

ワークショップには、二〇代の若者から七〇～八〇代の年輩の方まで、アイヌ民族およびその権利回復に関心をもつ学生や教員、市民など約四〇名が集まりました。このワークショップの良かった点のひとつは、幅広い世代の人々が参加する中で「世代間の対話」がなされたことです。前半の話し合いは、アイヌと非アイヌのグループに分かれて行われましたが、話し合いの内容を全体でシェアする段階で、アイヌの若い世代から「私たちが本当に言いたいことはこんなことじゃない」という本音の意見が飛び出してきました。アイヌグループからは、根強い差別の現状などが報告されていましたが、若い世代からは、差別の告発はもういい、権利の声高な要求にも興味はない、自分たちは自分たちのスタイルで「カッコいい」アイヌを広く伝えていきたいというような発言が出てきました。そこには互いに足を引っ張りあう傾向のあったこれまでのアイヌの運動に対する批判もこめられていました。こうした主張が若い世代のすべての意見だとは思いませんが、アイヌのとりわけ若い世代にとって、アイヌというアイデンティティを自らが肯定的に受け入れることこそが切実で重要なテーマなのだということを改めて感じました。上の世代の人々にとっても、若い世代のストレートな意見を聞く機会というのはこれまであまりなかったようで、こうした話し合いの場の必要性や若い世代にきちんと自分たちの文化を引き継いでいくことの重要性が語られました。

ワークショップの後半では、アイヌと非アイヌのメンバーが一緒になって、共生に向けてできることについての話し合いを世代別グループに分かれて行ないました。アイヌの若者たちの思いや悩みは、他の参加者にも共感として広がり、今後に向けての様々な前向きなアイデアが各グループから提案されました。若者グループからは、アイヌと非アイヌの新たな関係を築くために、かつて樺太から対雁（ツイシカリ・江別市）に強制移住させられた樺太アイヌの思いを胸に、宗谷岬から対雁までの強制移住ルートを歩くヒーリング・ウォーク（癒しの行進）を行ないたいという具体的な行動アイデアも提案されました。ワークショップの最後には、各世代のアイヌと非アイヌの代表者が、小さな贈り物と共にメッセージを互いに送りあうささやかなセレモニーが行なわれました。アイヌも、そうでない者も、一緒に肩を並べて未来をつくっていこうという思いが各々の心にしみこんでいく、感動的な場面でした。

北海道における「自治」とアイヌ民族

ここで紹介した「遊」におけるアイヌ民族との共生に向けての取り組みは、言うまでもなくごく小さな、ささやかな取り組みにすぎません。日本政府は、国連の場では先住民族の権利宣言に賛成票を投じながらも、今もってアイヌ民族を先住民族として認めようとしていません[3]し、道州制の導入には積極的な北海道も、地方自治のあり方をアイヌ民族との歴史的な関係性から根本的に捉えなおそうという姿勢はもっていません。そして、残念なことに、北海道に暮らす住民の多くも、アイヌ民族の権利回復という課題についてさほど深い関心を払ってはいないように思えます。しかし、北海道という地域の成り立ちを振り返ってみれば、アイヌ民族という存在を抑圧しながら、開拓・殖民をすすめてきたことは疑う余地のない歴史的事実です。私たちが北海道に生

3　二〇〇八年三月、北海道選出の国会議員が党派を超えて「アイヌ民族の権利確立を考える議員の会」を結成し、「アイヌは先住民族である」とする国会決議を行なう準備を始めた。一方、国連人権理事会は同年五月に行なった「普遍的定期審

きるものとして、北海道に生きるということを自らの積極的なアイデンティティとしていくためには、そうした過去をきちんと見つめながら、アイヌ民族との新たな関係性を地道に、それぞれの場から創り出していくことが必要不可欠であると思います。

とても幸いなことに、ここに紹介した取り組みに参加し、あるいは一緒につくりあげてくれた一人ひとりのアイヌの方々は、こうした厳しい状況においてなお、アイヌであるということに確かな誇りをもち、その豊かな文化を私たちに紹介し、一緒に未来をつくっていこうと呼びかけてくれています。こうした呼びかけに応答し、アイヌ民族と共に未来の社会をつくりあげていくことは、多数者の側にとっても心躍るチャレンジになると思います。そしてそれは、北海道における私たちの営みを、まやかしではない言葉の本来の意味における「自治」へと近づけていくための第一歩でもあります。

多民族共生社会にとっての憲法とは

最後に、付け足しのようになってしまいますが、アイヌ民族との共生という視点から見て、あるいはそうした視点を踏まえた「自治」という側面から見て、日本の憲法についてどう考えたらよいのか、個人的に思うことを若干書いてみたいと思います。といっても、私は憲法や法律についてきちんと学んだこともなく、あくまでも印象的な意見しか書けないことをあらかじめお断りしておきます。

査」において、日本における人権状況を審査の対象とし、「先住民族の権利に関する国連宣言」の国内適用に向けて、アイヌ民族と対話するよう日本政府に勧告した。これらの動きがあいまって、六月六日、アイヌ民族を先住民族と認定する国会決議が衆参両院本会議で全会一致で採択された。この決議を受けて、町村官房長官は、政府としてもその認識に同意することを初めて表明した。国連宣言は、土地権、資源権、教育権、自決権、文化的アイデンティティを保持する権利など、先住民族が獲得すべき権利を多数挙げている。これをいかに具体化するかが、今後社会全体に問われることになる。

先住民族の権利要求には、個人としての人権尊重ということと同時に、民族としての集団的権利の要求が含まれています。「集団的権利」というと何か一般には認められていない特別な権利を要求しているように思われがちですが、そうではなく、国家における主流を構成している多数派民族（日本で言えば大和民族）にとっては、国家という形で当たり前に存在しているものです。つまり、集団的権利は個々人の権利を支える下地とも言うべきものです。アイヌ民族も日本国籍を持つという意味では、日本国民に違いありませんが、個々人の意識としてはどうあれ、とりあえず自分たちの文化をベースに構成された主流民族にとっての国家と、その国家によって自らの意思によらずに自民族の文化や社会を破壊された側の人々にとっての国家の持つ意味は、大きく異なると思います。ですから、必ずしも一般化はできないものの、先住民族としての権利要求の根底をなすものは「民族集団としての自己決定権」であり、いわば国家内国家としての自治の要求なわけです。日本国憲法がこうした集団的権利の要求に応えうるものなのかどうか、私にはよく分かりませんが、少なくとも憲法に書かれている「国民」というものは、民族的な多様性を想定しているようには思えません。アイヌ民族との関係で言えば、北海道ウタリ協会が要求した当初の「アイヌ新法案」には、国会や地方議会におけるアイヌ民族議席の要求が含まれていましたが、学者などの見解により、それを認めるには憲法の改正が必要として検討から除外された経緯があります。そうした判断が妥当であったかどうかはさておき、長い目で見ればこうした政治参加を含むアイヌ民族の自決権がどのようにすれば実現するのか、その具体的な方法を考えていかなければならないと思います。

もう一つ、日本という国を先住民族を含む多民族が共存・共生する社会として考えてみたときに、憲法を読んでみてやはりひっかかるのは第一章の天皇の条項です。そもそも、多民族の共生を考えるまでもなく、文章として読んでみたときに、この第一章は、なんだかとってつけたような印象を持ちます。憲法前文は、「政府の行為によって再び戦争の惨禍が起ることのないようにすること」「主権が国民に存すること」を高らかに謳いあげているのに、そのすぐ後にくるのが「天皇」では拍子抜けです。続く第二章（第九条）で戦争の放棄、第三章で様々な人権の保障を連ねているだけに、なおさら第一章には違和感を覚えます。もちろん、好意的に解釈すれば、敗戦までは天皇が唯一絶対の主権者であったわけなので、はじめに、「天皇は国の象徴であって、主権は国民にある」ということを明示しておく必要があったのかもしれません。しかし、国という集合体が集合体として何らかの統合のシンボルを必要とするということを仮に認めたとしても、多民族の共生ということを前提として考えるならば、そのシンボルを天皇にすることにはかなり無理があるように思えます。アイヌ民族を引き合いに出すまでもなく、日本社会に多数存在している在日コリアンや中国人にとっても、あるいは沖縄の人々にとっても、天皇の名の下に自文化を破壊され、抑圧されてきた歴史を抱えているわけですから、それを「統合のシンボル」とすることに反発を覚えこそすれ、同意することは難しいでしょう。

私はもちろん、現在政府がすすめようとしている改憲の動きには反対です。憲法が、為政者の暴走を規制するための決まりであるのであれば、そもそも為政者側の発案で憲法を改定しようとすること自体がおかしいと思います。しかし、私たち市民が、自分たちの生きている現実の中で、自分たちが構成している国家の原理・原則を積極的に改善していこうとすることは必要なことだと思います。若い世代に改憲に対する抵抗感が比較的少ないことの理由には、戦争のもたらす具体的な現実を知らないということも大きいと思いますが、自分の属する社会の決まりを自分たちでつくりあげていきたいという積極的な意識もそこには含まれているように思います。ですから、憲法を悪い方向に変えさせないという動きは、国家の原理・原則をよりよい方向に変えていくというビジョンをともなって初めて、世代を超えた大きな力になるように思います。そう考えてみたときに、多民族共生社会の実現というビジョンは、現実に求められている必要不可欠なビジョンなのではないかと思います。

【編者紹介】
ピープルズ・プラン研究所
ピープルズ・プラン研究所は、現在の暴力的な世界秩序や息苦しい社会制度に代わって、民衆（ピープル）の側から構想される社会を探求する在野の研究グループです。国内、海外のさまざまな反戦、反グローバリゼーションの運動と合流し、ネットワークを築きながら、新しい理論と思想を生み出す研究活動をおこなっています。
〒112-0014 東京都文京区関口 1-44-3　信生堂ビル 2F
Tel. 03-6424-5748 ／ Fax. 03-6424-5749
ppsg@jca.apc.org
http://www.peoples-plan.org/jp/

「改憲」異論⑤　住民自治・地方分権と改憲
発行……二〇〇八年八月一五日　初版第一刷一五〇〇部
定価……一〇〇〇円＋税
編者……ピープルズ・プラン研究所
発行所……現代企画室
住所……150-0031 東京都渋谷区桜丘町一五—八—二〇四
電話——〇三—三四六一—五〇八二
ファクス——〇三—三四六一—五〇八三
E-mail：gendai@jca.apc.org
http://www.jca.apc.org/gendai/
郵便振替——〇〇一二〇—一—一一六〇一七
印刷所……中央精版印刷株式会社
ISBN4-7738-0809-4　C0036　Y1000E